SAN NICOLÁS: EL CREYENTE

Un Cuento Nuevo Para Navidad
Basada En La Antigua Historia
De San Nicolás

ERIC & LANA ELDER
TRADUCIDO POR
VICTOR J. PALOMINO

ISBN 978-1-931760-44-7

DEDICATORIO

*Este libro estás dedicado a mi querida esposa,
la cual me inspiró y me ayudó a decirles a
ustedes este cuento espectacular.*

*Lana acababa de terminar su redacción final
y sugerencias sobre este libro la semana antes
de pasar de esta vida a la próxima,
demasiadamente joven a la edad de 48 años.*

*Fue su idea y su sueño compartir la historia
de San Nicolás con tan cuantas personas
posible. Ella quería inspirarlos a dar sus
vidas por otros como Jesús había dado su vida
por nosotros. Este libro es el primer paso en
realizar ese sueño.*

*Al mundo Lana tal vez habría sido sólo una
persona, pero para mí ella era el mundo. Este
libro está dedicado a ella con gran amor.*

INTRODUCCIÓN
Por Eric Elder

Hubo un tiempo que casi había dejado de celebrar la Navidad. Nuestros hijos aún eran pequeños y todavía no estaban sometidos a la idea de Santa Claus y los regalos, el arbolito y las decoraciones navideñas.

Había leído que los religiosos puritanos que primero habían venido a Norte América eran tan fervientes en su fe que no celebraban nada de la Navidad. En vez, ellos les ponían una multa a los negociantes en sus comunidades que dejaban de mantener sus tiendas *abiertas* el día de Navidad. Ellos no querían nada que ver con un día de fiesta que ellos sentían que basadas en el paganismo. Para mí como recién convertido al evangelio y recién padre la idea de ir contra el exceso navideño en nuestra cultura me agradaba por lo menos en algunos aspectos.

Entonces leí un artículo por un hombre que simplemente le encantaba celebrar la Navidad. No encontraba mejor manera de celebrar el nacimiento del personaje más importante en la historia humana que tener una fiesta enorme en Su nombre—colectando y festejando y compartiendo regalos con tantas familias y amigos como fuera posible. Este hombre era un pastor de gran fe y gran gozo. Para él el gozo del nacimiento de Jesús era tan maravilloso que se deleitaba en todos los aspectos de la Navidad, incluyendo su preparación, decoraciones y actividades que eran parte de la celebración. Hasta le encantaba tener en el festejo a Santa Claus, nuestra versión moderna del real y verdadero personaje de antaño, San Nicolás, un hombre también de gran fe y gran gozo que adoraba y le hacía culto al niño que nació en Belém.

Entonces, ¿Por qué *no* celebrar el nacimiento de Cristo? ¿Por qué *no* tener la celebración más grande del año? ¿Por qué *no* celebrar la fiesta más feliz de todas?

Ya tenía la respuesta. Celebraría la Navidad —y mis hijos serían más felices en celebrarla también.

Me dediqué a celebrar la Navidad con gran

esfuerzo y a la vez me dediqué a investigar intensamente la vida del verdadero San Nicolás, un hombre que estaba inamoviblemente entrelazado con este Día Santo. Descubrí que San Nicolás y Santa Claus eran verdaderamente la misma persona, y que San Nicolás, que vivió en el tercer y cuarto siglo después del nacimiento de Cristo, fue verdaderamente creyente de Cristo.

Mientras mi esposa y yo leíamos más y más sobre la fascinante historia de Nicolás, nos apasionaba más este creyente que ya por mucho tiempo capturaba los corazones y las imaginaciones de creyentes e incrédulos al igual por los siglos.

Con tantos libros y películas que se esmeran en contar el "verdadero" cuento de Santa Claus (así como el de sus venados realmente motorizados por Coca-Cola y ponche navideño), descubrí que hay muy pocos cuentos que se esmeran en realmente describir quien era San Nicolás, y particularmente, lo que él creía sobre el Hombre por el cual la Navidad se celebra, Jesucristo. Me sorprendí que a pesar de todos los documentos históricos que afirman la fe en Cristo de San Nicolás, cuentos imperiosos de ellos han desaparecido por medio de los años.

Entonces con el apoyo y la ayuda de mi querida esposa, Lana, decidimos revivirles a ustedes la historia de San Nicolás con el deseo de que ustedes capturen de nuevo la esencia de la Navidad.

Mientras algunos, hasta con buenos motivos, se esmeran en quitar todo lo que sea secular de este día de los más santos del año, a mi me parece preciso esmerarme en restaurar a Santa a su lugar correcto—no como el santo patrón de los centros comerciales, pero como un faro que brilla su luz en Él por el cual celebramos ese Día Santo.

Es con gran fe y gran gozo que les ofrezco esta novela corta de Navidad. Ha sido mi deseo contársela y espero que a ustedes les encante oírla. Tal vez sea el relato más humano de la historia de San Nicolás que ustedes han oído.

Sobre todo, le ruego a Dios que use esta historia para despertar tu amor, no sólo por esta fiesta del año, pero por Aquél que ilumina la fiesta.

¡Qué Dios los bendiga en esta Navidad y siempre!

En el amor de Cristo,
Eric Elder

P.D. He dividido este cuento en siete partes y cuarenta capítulos para facilitar la lectura. Si prefieren, pueden leer una parte por siete días antes de Navidad. O si prefieren, usen este libro como un devocional leyendo un capítulo por día por cuarenta días antes de Navidad, contando el prólogo, el epílogo y la conclusión como capítulos separados. Si empiezan el 15 de noviembre, entonces terminarán el Día de Nochebuena.

PARTE 1

Prólogo

Mi nombre es Demetrio—Demetrio Alejandro. Pero eso no es lo importante. Lo importante es aquel hombre allá, acostado en la cama. Él es— bueno, supongo que no hay otra manera de describirlo menos que decir—él es un santo. No sólo por todo lo bueno que ha hecho, pero porque él era—como todos los santos son—un *creyente*. Él creía que había Alguien mayor que él en la vida, Alguien que lo guiaba, que lo ayudaba cada día de su vida.

Si usted lo mirara de cerca, acostado allí en la cama, le parecería que esta muerto. Y puede tener razón. Pero la verdad es que él ahora está más vivo que antes jamás.

Mis amigos y yo hemos venido aquí hoy para pasar su último día en la tierra con él. Sólo hace unos minutos que lo vimos pasar de esta vida a la próxima.

Yo debería estar llorando, lo sé. Créame he

llorado—y lloraré de nuevo. Pero por lo pronto, lo único que siento es gratitud porque él por fin ha llegado a su nuevo hogar, el hogar que él ha estado soñando por años. El hogar donde él por fin puede hablar con Dios cara a cara, como yo le estoy hablando a usted en este momento.

Cierto, verdaderamente era un santo. Pero para mí y muchos otros, él era mucho más. Él era—¿cómo podría decirlo? Una inspiración. Un amigo. Un maestro. Un ayudante. Un donante. Cómo le encantaba dar y dar y dar más, hasta que parecía no tener nada más que dar. Pero en esos momentos él extendía su mano más abajo y encontraba un poco más. "Siempre hay *algo* que se puede dar," era lo que él muchas veces decía.

Él vivía con la esperanza de que, aunque en la forma más mínima, podía usar su vida para cambiar el mundo. Quería, sobre todo, ayudar a las personas. Pero con tantas necesidades en su alrededor, ¿qué podía hacer?

Era como un hombre en la playa rodeado de estrellas de mar que habían sido llevadas a la orilla por la marea. Sabía que morirían si no entraran de nuevo al mar.

Sin saber cómo poder salvarlas todas, el

hombre en la playa hizo lo que pudo. Se agachó, tomó una en la mano, y la tiró al mar. Entonces se agachó de nuevo, tomó otra, e hizo lo mismo.

Alguien una de esas veces le preguntó al hombre por qué se molestaba en hacer eso—porque con tanta necesidad a su alrededor, ¿cómo era posible salvarlas todas? El hombre simplemente tiró otra al mar diciendo, "Tal vez no todas, pero ésa ya podrá vivir." Entonces se agachó y tomó otra.

Pues bien, en el mundo tal vez eres sólo una persona, pero para una persona tú puedes ser un mundo.

En muchas formas mi amigo era igual a usted y a mí. Cada uno de nosotros tenemos sólo una vida para vivir. Pero si la vivimos correctamente, una vida es sólo lo que necesitamos. Y si vivimos nuestra vida para Dios, bueno, es posible que toquemos todo un mundo.

¿Cambió el mundo la vida de mi amigo? Yo ya sé la respuestas, porque yo fui uno de aquellos que él tomó hace muchísimos años. Pero es mejor que yo le haga el cuento, y cuando termine, le dejaré decidir si *su* vida ha cambiado el mundo o no. Y tal vez, cuando termine, usted verá que su vida también puede cambiarlo.

Perdón, pero no le he dicho su nombre todavía, este hombre que fue un gran santo, un gran creyente en el Dios que lo amó, que lo creó, que lo sostenía y con quien él vive ahora para siempre.

Su nombre es Nicolás—y ésta es su historia.

Capítulo 1

Nicolás vivía en un mundo ideal. Por lo menos así era come él se lo imaginaba. Como un niño de nueve años de edad, creciendo en la costa norte del Gran Mar según él lo llamaba—Usted lo llamaría el Mar Mediterráneo—Nicolás no se podía imaginar una vida mejor.

Muchas veces caminaba por las calles con su padre, pretendiendo caminar a algún lugar en particular. Pero la verdadera razón por sus caminatas era para buscar a una persona con dificultades económicas, una persona que necesitaba una ayuda en la vida. Un simple saludo a veces se volvía en el descubrimiento de una necesidad que se debía enfrentar. Nicolás y su padre oraban, y si podían resolver esa dificultad, buscaban el modo de hacerlo.

Nicolás no tenía idea de veces que su padre se acercaba a una persona por detrás y después le ponía unas manzanas en su bolso, o una o dos monedas. Según Nicolás, nadie se daba cuenta de lo que su padre había hecho, y a veces él oía a la gente hablar del milagro de recibir exactamente lo que necesitaban en el momento preciso, de una manera inesperada.

A Nicolás le encantaban esas caminatas con su padre, al igual que le encantaba pasar tiempo con su madre en la casa. Sus padres le mostraban el mismo amor y generosidad a él que se lo mostraban a tantísimos otras personas.

De cierta manera sus padres habían aprendido a prosperar aún en los tiempos turbios en los cuales vivían. Realmente ellos eran muy ricos. Pero ser rico o pobre a Nicolás no le parecía ser importante. Lo único que sabía y le importaba era que sus padres lo amaban como ninguna otra persona en el mundo. Él era su único hijo, y sus horas juntas eran simples y verdaderamente felices.

Sus tiempos más copiosos eran por la noche mientras compartían cuentos que habían oído—cuentos de un Hombre que no era como ningún otro Hombre que ellos conocían. Un Hombre que había vivido al otro lado del Gran Mar como doscientos

ochenta años antes. Su nombre era Jesús.
Nicolás estaba cautivado con los cuentos de
ese Hombre que parecía ser algo digno de
estimación en los ojos de sus padres. Jesús le
parecía ser humilde y real a la vez. ¿Cómo
podía una persona tener esas dos
características al igual? ¿Cómo podía ser tan
pobre que había nacido en un establo de
animales, y a la vez ser tan generoso que podía
darle de comer a cinco mil personas? ¿Cómo
podía vivir Su vida tan repleta, y a la vez morir
una muerte tan cruel? Jesús era para Nicolás
incomprensible, la persona más fascinante que
él jamás había oído. Algún día, Nicolás
pensaba, él anhelaba visitar ese lugar al otro
lado del mar—y caminar donde Jesús caminó.

A pesar de todo el amor que Nicolás y sus
padres compartían y que los unía, había una
cosa que amenazaba separarlos. Era la cosa
que parecía amenazar a muchas familias en su
país en esos tiempos, sin distinguir entre ricos
y pobres, su fe o falta de ella, su amor por
otras personas o su falta de amor.

Los amigos de Nicolás y sus vecinos le
llamaban la plaga. Sus padres la habían
mencionado de vez en cuando, pero sólo en
sus oraciones. Ellos oraban por las familias

afectadas por *la plaga*, pidiéndole a Dios sanidad cuando fuera posible, y por fuerza de fe cuando no lo era. Sobre todo, sus padres oraban que Nicolás, a pesar de todo lo que pasara a su alrededor, él siempre supiera lo mucho que ellos lo amaban, y lo muchísimo que Dios lo amaba.

A pesar de que Nicolás era un niño, había visto suficiente para saber de la verdadera amenaza que existía en el mundo. Aún, él había sido protegido de esa amenaza, de cierto modo, por el amor de sus padres y por su devota fe en Dios. Como su padre había aprendido por medio de los años, y tantísimas veces se lo había recordado a Nicolás, "Dios dispone *todas* las cosas para el bien de quienes lo aman." Y Nicolás le creía. Hasta ahora, él no tenía razón de dudar las palabras dichas por su padre.

Pero serían sólo unos meses antes de que la fe de Nicolás fuera desafiada, y él tendría que decidir por sí mismo si él creía esas palabras— que Dios dispone *todas* las cosas para el bien de quienes lo aman.

Esta noche, sin embargo, él simplemente confiaba en las palabras de su padre, mientras escuchaba a sus padres orar por él—y por

aquellos en la ciudad—mientras se dejaba caer
en un sueño perfecto.

CAPÍTULO 2

Nicolás se despertó oyendo el cantar de las aves afuera de su ventana. El aire estaba fresco y limpio como lavado por la niebla de la temprana mañana.

Pero la noticia de la mañana era menos grata. Al hijo de unos amigos de la familia de Nicolás se le había pegado la enfermedad que sólo se encontraba en otras ciudades. El niño estaba a punto de morir.

El padre de Nicolás había oído la noticia primero y había ido a orar por el niño. Al regresar a casa cuando Nicolás se despertaba, su padre compartió la noticia con su esposa y con su hijo.

"Tenemos que orar," dijo el padre sin sugerencia de pánico en su voz, pero con la inconfundible urgencia que causó a los tres caer de rodilla.

El padre de Nicolás empezó la oración: "Padre, Tú sabes los planes que tú tienes para este niño. Confiamos que Tú los lleves a cabo. Oramos por sanidad porque amamos a este niño, pero sabemos que Tú lo amas más que nosotros. Confiamos que mientras ponemos a este pequeño en tus manos esta mañana, Tú dispones de *todo* para el bien, como tú siempre lo haces para todos quienes te aman.

Era una oración que Nicolás había oído a su padre decir muchas veces antes, pidiendo por lo que ellos creían que era lo mejor en cada situación, pero confiando que Dios sabía el mejor fin. Era la misma oración que Nicolás había oído que Jesús dijo la noche antes de morir: "Padre, si quieres," Jesús oró, "no me hagas beber este trago amargo pero no se cumpla mi voluntad, sino la tuya."

A Nicolás le era difícil entender esta oración. ¿No querrá Dios lo mejor para nosotros siempre? Y ¿cómo puede ser la muerte de algún bien? Aún, su padre oraba esa oración tantas veces que Nicolás estaba seguro que era la correcta oración. Pero cómo Dios podía contestar la oración de otra forma—y aún disponer de todo para el bien —le parecía un misterio.

Después de que la madre de Nicolás añadió sus palabras de oración y Nicolás mismo había hecho su petición, su padre terminó dándole gracias a Dios por escucharlos—y por ya haberles contestado la oración.

Mientras se ponían de pie, la noticia vino a la puerta, como si fuera una respuesta directa a lo que acababan de orar. Pero no era la respuesta que esperaban. El niño había muerto.

La madre de Nicolás empezó a llorar en silencio pero a la vez con lágrimas en los ojos. Lloraba al sentir la pérdida de la madre, sintiendo la pérdida como si fuera su propio hijo que había muerto. El padre de Nicolás la tomó de la mano y abrazó a su hijo, diciendo una silenciosa oración por la familia del niño que acababa de morir, y añadiendo otra oración por su propia familia. Abrazó de nuevo a su esposa y a su hijo, entonces salió por la puerta para regresar a la casa del niño fallecido.

Capítulo 3

La muerte del niño tuvo un efecto aleccionador en toda la ciudad. La gente del pueblo conocía al niño, claro, y todos estaban tristes por la pérdida de la familia.

Pero su muerte fue más aleccionadora porque no fue un evento único. La gente había oído de cómo la enfermedad se propagaba por todas las ciudades cercanas llevando con ella no solo una o dos vidas aquí o allí, pero familias enteras—comunidades enteras. La muerte de este niño les indicaba que la plaga también había llegado a su pueblo.

Nadie sabía cómo detenerla. Lo único que podían hacer era orar. Y en oración se pusieron.

Así que la enfermedad se propagaba, los padres de Nicolás visitaban los hogares de aquellos que morían. Mientras el dinero de sus padres no tenía ningún poder en ofrecer alivio a las familias, sus oraciones les traerían más paz que cualquier cifra de dinero.

Como siempre, el padre de Nicolás oraba que la muerte se alejara de ellos, como se había alejado de los israelitas en Egipto cuando la plaga de muerte venció sobre las vidas de cada primogénito de cada familia indispuesta a servir a Dios. Pero esta enfermedad era diferente. No distinguía entre creyentes ni incrédulos, primero o último en nacer, ni ningún otro factor aparente. La enfermedad no tenía fronteras, parecía ser invencible.

Aún, Nicolás observaba mientras su padre, a pesar de todo, oraba lleno de fe creyendo que Dios era capaz de detener la plaga en cualquier momento, en cualquier hogar, y confiando que Dios lo dispone de todo para el bien, aunque sus vidas, también, parecían ser abreviadas.

Estas últimas oraciones eran a las que todos se aferraban más. Más que nada, las palabras les daban esperanza—esperanza que sus vidas no eran vividas en vano, esperanza que sus muertes no serían olvidadas por el Dios que los había creado.

La visita del padre y la madre de Nicolás era de gran bienestar para aquellos enfrentando sufrimientos insoportables, porque mientras la plaga se propagaba, menos y menos personas estaban dispuestos a salir de sus casa, y mucho menos visitar las casas donde la enfermedad había atacado. Las oraciones del padre de Nicolás y las lágrimas de su madre, les daban a las familias la fuerza necesaria para encarar cualquier cosa que se les enfrentaba.

Nicolás observaba con asombro a sus padres repartir sus regalos de misericordia durante el día, y después regresar a la casa cada noche totalmente agotados pero espiritualmente colmados de fuerza. Nicolás se preguntaba cómo ellos podían adquirir la fuerza necesaria para cada día. Pero también se preguntaba cuánto tiempo sus propios padres podían seguir sin ser contagiados con la plaga.

Cuando Nicolás por fin tuvo la audacia de darle alta voz a sus preguntas, preguntas que todos estaban a punto de hacer, su padre simplemente respondió que ellos solo tenían dos opciones: vivir en miedo, o vivir en amor siguiendo el ejemplo de Aquel a quien ellos habían confiado sus vidas. Ellos escogieron vivir en amor, haciendo por los demás lo que ellos querían que otros hicieran por ellos.

Así que cada mañana el padre y la madre de Nicolás se levantaban y oraban, pidiéndole a su Señor lo que Él quería que ellos hicieran. Entonces, echando atrás todo miedo que ellos tuvieran, ponían su confianza en Dios, pasando el día sirviendo a los demás como si estuvieran sirviendo al mismo Cristo.

Mientras la respuesta de su padre no contestaba inmediatamente la pregunta que Nicolás tenía en su corazón—la cual era cuánto tiempo más pasaría antes que la enfermedad visitara su propia casa—esa respuesta le parecía contestar otra pregunta más profunda. Contestaba la pregunta si Dios tenía en cuenta todo lo que estaba pasando, y si lo tenía en cuenta, le importaba o no le importaba a Él suficientemente para intervenir.

De modo que Dios guiaba directamente a sus padres cada día, Nicolás obtuvo cierta paz en su corazón que Dios tenía, ciertamente y totalmente, en cuenta todo lo que ocurría en las vidas de cada persona de la ciudad de Patara—y que a Dios definitivamente le importaba. A Dios le importaba tanto que había enviado a los padres de Nicolás a aquellos que necesitaban escuchar una palabra de Él, que necesitaban tocar las manos de Él, que necesitaban contacto con Dios no sólo en su cuerpo pero también en su alma.

Nicolás se imaginaba que la respuesta a su pregunta era más gloriosa que lo que él se lo había imaginado. Su preocupación sobre cuando la enfermedad visitaría su propia casa desapareció cuando se durmió esa noche. En vez, oró que Dios usara sus manos y sus palabras—las manos y las palabras de Nicolás —como si fueran del mismo Dios, extendiéndose para expresar el amor de Dios a su pueblo.

Capítulo 4

Los días siguientes, Nicolás se encontraba queriendo ayudar a su padre y a su madre más y más mientras ellos llevaban la misericordia de Dios a aquellos a su alrededor.

Trabajaban juntos para llevar comida, comodidad y amor a cada familia afectada por la plaga. Algunos días eran tan simples como detenerse en una casa para decirle a una madre que ella tenía compañeros en su sufrimiento. Otros días era llevando comida y bebida a una familia entera que había sufrido la enfermedad. Y aún otros días eran para preparar un lugar en las colinas alrededor del pueblo donde cuidadosamente enterraban a las personas que habían fallecido y ya estaban en la próxima vida.

Cada día el corazón de Nicolás se daba cuenta de la naturaleza temporal de la vida en la tierra, y estaba más y más en sintonía con la naturaleza eterna de la vida impalpable. Le parecía a Nicolás que la diferencia entre los dos mundos cada día se diferenciaba menos. Lo que se había imaginado una vez que era sólido y real—como las piedras y los árboles, como las manos y los píes—de repente tomaban una naturaleza más impalpable. Y aquellas cosa que le eran más difíciles de palpar—empezaban a ser más sólidas y verdaderas.

Le parecía que su mundo se estaba volteando al revés y hasta de lado todo a la misma vez, no con un giro desgarrador, pero como si sus propios ojos se calibraban, se ajustaban mejor para ver con más claridad lo que verdaderamente ocurría--enfocándose con más precisión en las cosa que realmente importaban en la vida. Aún rodeado de tantas muertes y enfermedad, Nicolás se sentía vivir de nuevo con más plenitud que antes había sentido.

Su padre trató de describir lo que Nicolás sentía usando palabras que Jesús dijo, que el que procura conservar su vida, la perderá; pero el que está dispuesto a perderla, encontrará verdadera vida. Aprendiendo ahora a amar al prójimo sin límites de temor y siguiendo adelante en amor, Nicolás se sentía estar verdaderamente vivo.

Si ese sentimiento lo podía sostener por los eventos que aún tendrían que pasar, él no lo sabía. Pero lo que sí sabía era que por lo pronto, más que antes, él quería vivir cada día en plenitud. Él quería despertarse cada día con la anticipación de cómo Dios lo usaría, y después hacer cualquier cosa que Dios estaba dispuesto a darle. Hacer menos que eso era renunciar la vida que Dios quería que el viviera—y engañar a Dios de la obra que Él quería que se hiciera.

Al par que los días pasaban, Nicolás llegó a saber lo que su padre y su madre ya sabían: que nadie sabía cuántos más días le quedaban en este mundo. Sus padres ya no se veían como humanos con una experiencia temporal, pero como seres espirituales. Con ojos de fe, ellos podían mirar hacia adelante sin el temor que captaba a tantos otros de sus vecinos.

CAPÍTULO 5

Una mañana cuando Nicolás se despertó oyendo toser a su madre, su corazón le pareció detenerse.

Por toda la preparación que sus padres—y hasta su propia fe—le habían dado, aún le sorprendió que la enfermedad actualmente podía cruzar el umbral de su propia casa.

Él pensó que tal vez Dios los libraría a todos por la amabilidad que ellos les habían mostrado a otros durante los últimos meses. Pero su padre le había advertido contra ese modo de pensar, recordándole que a pesar de todo el bien que Jesús había hecho en Su vida —por toda la sanidad que Él había traído a otros—aún llegaría la hora cuando Él, también, tendría que enfrentar el sufrimiento y la muerte. No era que Dios no lo amaba, o que no estaba preocupado por Él, o que no había visto todo el bien que había hecho en su vida. Y tampoco era que Jesús se mantenía

indiferente a lo que estaba a punto de ocurrir.
Jesús hasta les dijo a sus discípulos que su
corazón estaba lleno de angustia por lo que
tenía que pasar, pero eso no significaba que Él
se arrepentía de lo que tenía por delante. No,
Él dijo, "Precisamente para afrontarlo he
venido. Nadie tiene amor más grande, que el
que da su vida por sus amigos."

La madre de Nicolás tosió de nuevo, y para
el niño los minutos empezaron a avanzar
lentamente. Se levantó. Al acercarse a su
madre, ella se detuvo por un momento. Era
como si ella estuviera indecisa entre querer
que su hijo se detuviera—que no se acercara
un paso más a la enfermedad que ahora estaba
en su cuerpo—o levantarse, también, y
abrazarlo dejándole saber que todo estaría
bien. Pero en un momento más, Nicolás le
había hecho innecesario el momento de
indecisión, porque él ya estaba en sus brazos,
abrazándola fuertemente mientras los dos
estaban en llanto. Como Nicolás estaba
prendiendo, tener fe no significa que no se
debe llorar. Pero significa que uno puede
confiar en Dios, hasta con las propias
lágrimas.

El padre de Nicolás ya había derramado

sus propias lágrimas esa mañana. Había salido de la casa antes de amanecer, esta vez no para visitar a otros, pero para orar. Para él, el lugar al que siempre regresaba cuando necesitaba estar a solas con Dios era al aire fresco a la orilla del mar, no muy lejos de su casa. Aunque él sabía que podía orar en cualquier lugar, en cualquiera ocasión, era a la orilla del mar donde él se sentía íntimamente cerca a Dios. El sonido de las olas y el ritmo del agua en la arena parecían calmarlo teniendo un efecto hipnotizador sobre él.

Él había llegado a tiempo para observar el amanecer del sol a su izquierda, mirando por la orilla del Gran Mar. ¿Cuántos amaneceres había visto de este mismo lugar? Y ¿cuántos más tendría por ver? Volteó la cabeza y tosió dejando que las preguntas regresaran al mar con la próxima ola que retorcía. La enfermedad le había llegado también a él.

Esta no era la primera vez que se preguntaba cuantos días tendría por vivir. La diferencia esta vez era que antes siempre la preguntaba suponiendo el futuro. El venía a este lugar siempre que tenía que hacer una decisión importante, una decisión que requería que él pensara más allá del tiempo presente. Él venía aquí cuando miraba hacia la eternidad, pensando en lo breve que la vida es. Aquí, a la orilla de mar, era como si él pudiera entender a la vez la brevedad de la vida y lo eterno del cielo.

El diario salir del sol, la intensidad, cresta y romper de las olas en la orilla le dejaban saber que Dios aún estaba en control, que Su mundo continuaría—con o sin él—como lo continuaba desde que Dios había pronunciado en existencia el mar y la tierra, y continuaría hasta que Dios decidiera terminarlo, para preparar un nuevo cielo y una nueva tierra. Comparado con la eternidad, el tiempo del mundo le parecía increíblemente breve, y la vida de un hombre más breve aún. Y en ese corto tiempo que vivía, él sabía que tenía que aprovechar al máximo cada día, no sólo en el vivir para sí mismo, ni tampoco por los demás, pero principalmente vivir para Dios que le había dado la vida. Si Dios, el creador de todo, le había deseado dar el aliento viviente, entonces mientras él tuviera vida, él quería usarla lo máximo posible.

Tosiendo otra vez, el padre de Nicolás recordó que esto no era solamente un ejercicio intelectual para ayudarlo a formar una decisión difícil. Esta vez—mientras miraba hacia el amanecer del sol de nuevo, y otra ola que revolvía—se dio cuenta de que esta sería la prueba final de todo lo que él había creído hasta este momento.

En algunas de las pruebas de la vida él había salido sobresaliente. En otras él había fracasado cuando estaba lleno de miedo o dudas. Pero esta era una prueba que él quería aprobar más que ninguna otra.

Cerró los ojos y pido fuerzas para enfrentar otro día. Dejó que el sol le calentara la cara y delicadamente abrió sus manos para sentir la brisa que venía por la orilla del mar en las palmas de sus manos y que flotaba por su cuerpo. Abrió los ojos y miró otra vez hacia el mar.

Entonces dio una vuelta y empezó a caminar a su casa, donde pronto encontraría a su querida esposa y amado hijo en un fuerte y triste abrazo.

PARTE 2

CAPÍTULO 6

Nicolás estaba sólo. Estaba en la misma parte de la playa donde su padre había estado orando sólo diez años antes, mirando el amanecer del día y las olas a la orilla de la playa.

El padre de Nicolás no pudo volver a salir a ver nunca más el Gran Mar porque fue finalmente vencido por la enfermedad después de aquel día. La madre de Nicolás falleció primero, dentro de dos semanas de haberse enfermado. Su padre vivió otros tres días después de la muerte de su esposa, como si estuviera esperando lo más posible estar cierto que su esposa pasara en paz de esta vida a la próxima, y para estar cierto que Nicolás estaba lo más listo posible para tomar sólo el próximo paso de su vida.

El padre de Nicolás no fue tímido en derramar sus lágrimas, pero no quería que fueran perdidas en emociones injustas tampoco. "No llores porque ha terminado," su padre le dijo

Había una temporada y lugar para enojo y desencanto, pero esta no era la temporada de ninguna de las dos. Si tuviera la oportunidad de hacerlo todo de nuevo, sus padres hubieran escogido hacer exactamente lo mismo que habían hecho. "No era una tontería," ellos dijeron, "estar dispuesto a arriesgar la vida amando a otros, especialmente cuanto no había ninguna garantía que ellos sobrevivirían."

Al final, la plaga terminó tomando las vidas de casi la tercera parte de la gente de Patara antes de finalmente tomar su rumbo. La enfermedad parecía tener una mente propia, enfermando a aquellos que se protegían al igual que aquellos, como sus padres, que se aventuraban a salir al medio de ella.

Después de la muerte de sus padres, Nicolás sintió un nuevo sentimiento urgente de llevar a cabo la obra de sus padres, visitando a aquellos que estaban enfermos y animando a los familiares de aquellos que habían fallecido.

Entonces, casi tan pronto como había llegado a su ciudad, la plaga desapareció.

Nicolás pasó casi las próximas semanas durmiendo, tratando de recuperarse de los largos días—y más largas noches—de suministrar a aquellos que estaban enfermos. Cuando estaba despierto, pasaba el tiempo tratando de entender sus propios sentimientos y emociones sintiendo la pérdida de su propia amada familia. Su vida estaba tan entrelazada con la de ellos, y al ser arrebatada tan de repente de él, apenas sabía la próxima cosa que hacer sin ellos. Nicolás fue a vivir con su tío, un sacerdote que vivía en el monasterio de Patara, hasta estar listo para aventurar adelante en el mundo a solas. Por fin la hora había llegado, y ahora Nicolás tendría que tomar una decisión.

Diferencia a tantos otros que la plaga había dejado huérfanos, a Nicolás le habían dejado una considerable herencia. La pregunta en su corazón no era que haría para ganarse la vida, pero que haría para hacerse de una vida. Por medio de todo lo que él había vivido, y ahora reconociendo la brevedad de la vida por sí mismo, Nicolás en este momento ya sabía por qué su padre había venido tantas veces a la orilla del mar para orar. Ahora era el turno de

Nicolás de pensar en su propio futuro considerando lo más eterno.

¿Qué debo hacer? ¿Adónde debo ir? ¿Cómo debo pasar el resto de mi vida? Las preguntas lo hubieran vencido, excepto que su padre también lo había preparado bien para momentos como éstos.

Su padre, siempre estudiante de las Santas Escrituras y de la vida de Cristo, le había enseñado que Jesús les dijo a sus discípulos que no se preocuparan mucho por los problemas por venir sino en los problemas de cada día. "Cada día tiene ya sus problemas," Jesús dijo.

Mientras Nicolás pensaba sobre esto, su carga se aliviaba. No tenía que saber qué hacer el resto de su vida en este momento. Sólo tenía que decidir su próximo paso.

Tenía suficiente dinero para viajar el mundo entero tres o cuatro veces y aún tendría suficiente dinero para vivir los años venideros. Pero en realidad eso no era lo que él quería hacer. Nunca le había interesado vivir con lujo o sin control, pues la vida que conocía hasta este momento siempre le daba muchísima satisfacción. Pero *había* un lugar que él siempre había querido ver con sus propios ojos.

Mientras miraba el mar, al sur y al oeste, sabía que a lo lejos estaba el lugar que más quería visitar—la tierra que en su mente le parecía la más preciosa de todas. Era la tierra donde Jesús había vivido, la tierra donde Él había caminado, había enseñado, la tierra donde Él había nacido y había muerto, y la tierra donde tantos cuentos de Su vida—y casi de la entera Santas Escrituras—habían tomado lugar.

Nicolás sabía que en la vida ciertas decisiones sólo se tomaban bajo el sudor y la agonía de la oración, tratando desesperadamente de decidir entre dos fines aparentemente buenos, y a la vez caminos diferentes. Pero esta decisión no era una de ellas. Ésta era una decisión que, por lo natural de sus circunstancias, era verdaderamente fácil de tomar. Además de su tío, había tan poco que lo mantuviera en Patara, y nada que lo detuviera en llevar a cabo el deseo que había tenido en su corazón por tanto tiempo.

Se alegró que su padre le había mostrado este lugar, y se alegró de haber venido a él de nuevo hoy. Sabía exactamente la próxima cosa que iba a hacer. Su decisión era tan clara como el agua del mar delante de él.

Capítulo 7

La llegada de Nicolás a la costa lejana del Gran Mar vino más repentina de lo que se había imaginado. Hacía tiempo que Él se había imaginado caminar dónde Jesús caminó, y ahora, a la edad de diecinueve años, por fin estaba allí.

Encontrar un barco para que lo llevara allí no fue difícil, porque su propia ciudad de Patara era uno de los puertos principales de parada para los barcos navegando de Egipto a Roma, llevando a viajeros al igual que carga. Reservar el pasaje era tan simple cómo mostrar que uno tenía el dinero para comprarlo, lo cual Nicolás tenía.

Pero ya que había llegado, ¿adónde iría primero? Quería verlo todo de una vez, aunque eso era imposible. La solución vino al sentir que lo halaban de la manga.

"¿Usted es cristiano?" una pequeña voz le preguntó. Nicolás inclinó su cabeza abajo y vio a un niño que no parecía tener más de diez año mirándolo. Dos niños más cerca de él se reían. Hacer esta pregunta tan abiertamente, cuando en general era peligroso hacerla, mostraba que el niño era un fiel creyente de Cristo buscando a otro creyente, o mostraba que tenía otros motivos en mente. De la risa de sus amiguitos a su lado, un niño y una niña poco menor que el que había hecho la pregunta, Nicolás sintió que el motivo probablemente era el segundo.

"¿Usted es cristiano?" el niño le preguntó de nuevo. "Yo lo puedo llevar a los sitios sagrados."

"Ah, eso es," se dijo Nicolás. Tantos peregrinos obviamente han venido a este lugar todos estos años que hasta los más pequeños de allí sabían que los peregrinos necesitaban un guía al llegar. Mirando a los tres niños otra vez, Nicolás sintió que ellos lo podían ayudar. El corazón de Nicolás confiaba, y al no ser incauto tampoco pensando que aquí no tendría dificultades, confiaba que el mismo Dios que lo había traído a este lugar también le proveería la ayuda que necesitaba al llegar. Aunque estos niños *lo hacían* sólo para ganar unas monedas, eso le parecía bien a Nicolás.

Él tenía dinero. Pero no tenía un mapa. Con gran gusto él los emplearía para que fueran como un mapa viviente a los sitios sagrados.

"Sí, y sí," Nicolás contestó. "Verdaderamente, soy cristiano. Y si ustedes quieren llevarme, entonces sí, porque tengo mucho interés en ver los sitios sagrados. Y sería un gran gusto si tus amigos vinieran con nosotros, también. Entonces, si nos encontramos en un apuro, ellos nos pueden defender a los dos."

El niño se quedó sorprendido y sus amigos se rieron de nuevo. No era la respuesta que esperaba, por lo menos no tan rápido y no sin pasar mucho tiempo molestando al hombre. Siempre los peregrinos que venían eran mucho más escépticos al salir del barco, deshaciéndose rápidamente de todos lo que se les acercaban—por lo menos hasta estar en tierra un rato y tener sus planes en orden. Pero el niño pronto se recuperó del asombro e inmediatamente extendió la mano derecha, palma arriba, inclinando la cabeza para saludarlo. A Nicolás le dio la delicada impresión que el niño estaba a su disposición y la indelicada impresión que el niño estaba listo para que Nicolás le pusiera una moneda en la mano abierta. Al ver otra oportunidad para sorprender al niño de nuevo, Nicolás resolvió hacerlo con gusto.

Delicadamente le puso tres de sus más pequeñas, pero más brillantes monedas, en la palma de la mano y le dijo, "Mi nombre es Nicolás. Y ya veo que eres un hombre sabio. Ahora bien, si eres capaz de mantener la mano abierta después de haberte puesto tres monedas en ella, serás aún más sabio. Pues, para él que aprieta el puño tomando lo que ha recibido le será difícil recibir más. Pero para él que abre la mano voluntariamente hacia el cielo—voluntariamente dando igualmente de lo que voluntariamente ha recibido— reconocerá que su Padre celestial por lo general no se detendrá en darle más."

Nicolás hizo una seña con la mano indicándole al niño que era su intención que compartiera lo que había recibido con sus amigos, los cuales se habían acercado más al ver las monedas. El niño irrevocablemente era el portavoz de los tres, pero aún se detuvo un momento pensando en lo que iba a hacer. Este hombre era tan diferente a otros que el niño había conocido. Con los otros, el niño siempre trataba, generalmente sin éxito, de engatusarlos en que le dieran una de las monedas de su bolso, y ahora este hombre le había dado tres monedas en su primer intento. El hecho que las monedas no habían sido dadas a regañadientes, pero felizmente, verdaderamente lo habían confundido. Nunca había oído a nadie decir eso de mantener la mano abierta para dar *y* recibir. Su instinto era enseguida apretar el puño con las monedas dentro, y correr hasta llegar al lugar más seguro, y a solas entonces abrir la mano para examinarlas y dejar que su brillo iluminara sus ojos. Pero aún él estaba en asombro, con el brazo extendido y la palma de la mano hacia arriba. Casi contra su propia voluntad, se sintió girar ligeramente y extenderles la mano a sus amigos.

Tomando la oportunidad, los otros dos rápidamente tomaron una moneda de su mano. Al instante de realizar que ellos, también, estaban a punto de apretar sus puños aferrando sus nuevos tesoros, lentamente abrieron la mano, mirando al recién llegado peregrino con asombro. No sólo estaban asombrados que él les había dado la moneda, pero que aún estaban delante de él con la mano abierta, sorprendiéndose hasta ellos mismos de estar dispuestos a seguir el extraño consejo de este hombre.

La escena causó que Nicolás empezara a reírse a carcajadas. Estaba a gusto que habían respondido de esa manera y rápidamente les puso en las manos dos más de sus pequeñas monedas, ahora triplicando su asombro. No era la cantidad del regalo que los asombraba, porque ellos habían visto propinas más grandes de peregrinos más ricos, pero era el espíritu de generosidad y alegría que acompañaba el regalo que los sorprendió.

El incidente completo duró menos de un minuto, pero había preparado a Nicolás y sus nuevos amigos a anticipar el viaje que los esperaba.

"Ahora, deben cerrar la mano otra vez, porque un hombre sabio—o una mujer--," dijo inclinándose hacia la niña, "también cuida lo que se le ha dado para que no se le pierda o se lo roben."

Entonces, dando una vuelta para caminar hacia la ciudad, Nicolás dijo, "¿A ver si me dejan descansar esta noche, y entonces, al amanecer del día pueden empezar a enseñarme los sitios sagrados?"

Mientras abundaban los sitios sagrados en

esta tierra santa, en los momentos mágicos que acababan de transcurrir, les parecía a los tres niños—y hasta al mismo Nicolás— que ellos acababan de pisar el primero.

Capítulo 8

La mañana siguiente, Nicolás se despertó al salir el sol. Les había dijo a los niño que se encontraran con él en el mesón poco después del amanecer. Sentía tener el corazón lleno de alegría anticipando el día por delante. Dentro de unos momentos, oyó un toque en la puerta y la inconfundible risa de los niños.

Supo que el nombre de los niños eran Demetrio, Samuel y Rut. Ellos tenían, para decir la verdad, experiencia en la vida. Eran hijos de padres que los habían dejado al nacer para aprender por su cuenta. Huérfanos como estos niños abundaban por las calles en todo el imperio romano, productos de un pueblo que disfrutaba sus placeres por dondequiera y con cualquier persona que ellos deseaban, sin pensar en los resultados de sus acciones.

Mientras Demetrio había podido vivir

como víctima de su situación, no lo hizo. Había realizado de muy niño que de nada le valdría frustrándose o enojándose con sus circunstancias. Así que comenzó a ser negociante. Empezó a buscar maneras de trabajar ayudando a la gente a hacer lo que necesitaban, principalmente esas cosas que ellos no podían hacer por su cuenta o no querían hacer. Muchas veces no fue compensado por su esfuerzo, pero cuando lo era, se fijó que valía la pena trabajar.

No lo hacía por motivo de religión, porque él no era religioso, ni lo hacía por motivo de avaricia, porque nunca había hecho nada que no le parecía honesto si era sólo por el dinero, como los mezquinos lo hacen porque su único interés es el dinero. Simplemente, él pensaba que si hacía algún trabajo que otros valuaban, y si lo hacía bien y tomaba tiempo en hacerlo, entonces, de algún modo, él tendría éxito en la vida. Algunos como Demetrio se tropezaban con sabiduría divina sin realizarlo.

Samuel y Rut, al contrario, sólo lo acompañaban para ver qué bien les traería. Como abejas atraídas a la miel, Samuel y Rut eran atraídos a Demetrio, como a menudo pasa cuando una persona procede en hacer bien. Samuel tenía ocho años, y como Demetrio, no era religioso tampoco, pero había escogido su nombre él mismo cuando oyó a alguien contar la historia de otro niño llamado Samuel el cual, cuando era aún muy pequeño, sus padres lo habían entregado a un sacerdote para criarlo. Al Samuel de hoy le encantaba escuchar los cuentos de lo que el otro niño había hecho aunque había vivido más de mil años antes. El Samuel presente no sabía si los cuentos del otro Samuel eran ciertos, pero sin importarle había tomado su nombre ya varios años. Fue sólo en los últimos meses, viajando a los sitios sagrados con Demetrio, que había empezado a pensar si los cuentos eran verdaderamente ciertos.

Y Rut, aunque tenía sólo siete años, tenía chispa. Nunca se le olvidaban los nombres de la gente ni las fechas ni lo que había pasado ni cuándo ni quién le hizo qué a quién. La risa era su característica, pero aunque era pequeña, su mente anhelaba aprender y ella recordaba todo lo que veía y todo lo que se le enseñaba. Tenía la cabeza llena de preguntas, y naturalmente ella las hacía en alta voz.

A Demetrio no le molestaba que los

pequeños lo siguieran, porque aunque habría sido más fácil hacer lo que tenía que hacer sólo, sabía también de los peligros que se encontraban en la calle y se sentía obligado a ayudar a los dos niños como un hermano mayor hubiera ayudado a sus hermanitos. Y con toda honestidad, él no tenía a nadie a quien llamar familia, así que al encontrarse con estos dos unos años antes se le llenó parte del corazón de una manera que no podía describir, pero de algún modo lo hacía sentir más a gusto.

Nicolás miró la escena de las tres caras radiantes en su umbral. "¿Adónde primero?" preguntó Demetrio.

"Empecemos en el principio," dijo Nicolás, "en el sitio dónde Jesús nació." Y con eso empezaron el viaje a pie de tres días de la costa de Jope a las colinas de Belén.

Capítulo 9

Después de dos días de caminar y dormir en las colinas, Nicolás y sus nuevos amigos tenían sólo medio día de viaje antes de llegar a Belén. El gozo de Nicolás se intensificaba con cada colina que subían y bajaban, porque estaban al llegar al sitio santo que más anhelaba ver, el lugar donde Jesús nació.

"¿Por qué te imaginas que lo hizo?" Demetrio preguntó. "Es decir, ¿Por qué había querido Jesús venir al Mundo? Si yo estuviera ya en el cielo, pienso que habría querido quedarme allá."

Aunque Demetrio había de ser el guía, no le importaba hacer tan cuantas preguntas le venían a la mente, especialmente cuando guiaba a una persona como Nicolás, lo cual no ocurría mucho.

A Nicolás no le molestaban tampoco sus preguntas, porque él mismo les había hecho muchas preguntas a sus padres. Ellos pertenecían a una comunidad de creyentes que se había inaugurado casi doscientos cincuenta años antes por el mismo apóstol Pablo cuando él había visitado la vecina ciudad de Mira en uno de sus viajes misioneros, enseñándoles de Jesús a todos los que lo escuchaban. Pablo había vivido durante los años de Jesús, aunque Pablo mismo no llegó a ser creyente hasta después de Jesús morir y resucitar de la muerte. Los cuentos de Pablo siempre eran dignos de escuchar.

Nicolás tuvo la oportunidad de escuchar todos los cuentos de Pablo cuando estuvo en Mira, como habían sido escritos y contados por muchas personas por los años.

De niño, Nicolás pensaba que algo que había pasado más de doscientos cincuenta años era historia de la antigüedad. Pero al crecer, y ahora aún más que sus padres habían fallecido, no le parecía nada de tiempos lejanos. Los cuentos que Nicolás había oído eran los mismos que su padre y su abuelo y su bisabuelo habían oído seis o siete generaciones antes y algunos parientes hasta los habían oído por primera vez del mismo

Pablo. A Nicolás le encantaba oírlos de nuevo vez y tras otra, y había hecho muchas de las mismas preguntas que Demetrio hacía ahora —como porque Jesús dejó el cielo para venir al mundo en persona.

"La respuesta es simple, porque nos amaba," dijo Nicolás. "Pero sólo con esa respuesta no se contesta en realidad la pregunta que me estás haciendo, porque Dios *siempre* nos ha amado. La razón por la cual Jesús vino al mundo era, pues, porque habían cosas que tenían que hacer en persona."

Nicolás empezó a explicarles el evangelio —las buenas nuevas—a los niños, de cómo Jesús vino a pagar el precio máximo con su vida por todo el mal que nosotros le habíamos hecho así preparándonos una senda para regresar a Dios con el corazón limpio, y además vivir con Él en el cielo para siempre.

Mientras Nicolás les contaba la historia, los niños lo miraban con completa atención. Aunque ellos habían estado antes en Belén muchas veces, y a menudo habían llevado a peregrinos a la cueva que había sido tallada de la ladera de la colina donde se decía que Jesús había nacido, nunca antes se les había imaginado que fuera así. Nunca habían entendido la razón por qué Dios hizo lo que hizo. Y nunca habían considerado que los cuentos que habían escuchado de Jesús, Dios en forma humana, eran ciertos. ¿Cómo podía ser eso?

A pesar de todo, al oír la explicación de Nicolás, ellos la entendían tan bien que se preguntaban cómo no la habían considerado cierta antes. En esos momentos sus corazones y mentes por fin se abrieron por lo menos a la *posibilidad* que era verdad. Y esa realización fue el punto de partida de cada una de sus vidas, así como lo había sido para Nicolás la primera vez que le explicaron la verdad. Dios verdaderamente los amaba, y Dios les había demostrado ese amor a ellos en venir al mundo y salvarlos de la cierta y propia destrucción.

Cuando Nicolás oyó por primera vez cuanto el Padre lo amaba, la idea la entendía porque él ya había visto a su propio padre demostrarle amor. Pero para Demetrio, Samuel y Rut, que nunca habían tenido un padre, ni menos uno como el que Nicolás había descrito, era una idea distantemente incomprensible y a la vez una maravillosa y llamativa descripción de un amor que no conocían.

Caminando colina arriba hasta llegar a Belén, empezaron un paso más ligero así como sus corazones latían, sabiendo que pronto verían otra vez el sitio donde Dios había, como hombre, tocado por primera vez el Mundo menos de trescientos años antes. Pronto estarían pisando tierra que era verdaderamente santa.

Capítulo 10

Ya era de noche cuando finalmente llegaron a su destino. Demetrio los guió por la ciudad de Belén al lugar donde generaciones de peregrinos habían ya venido a ver dónde Jesús nació: una pequeña cueva que había sido tallada de la ladera de una colina dónde los animales se podían acorralar para que no se escaparan.

No había señal para marcar el lugar, ningún monumento o edificio para indicar que uno estaba delante del lugar donde el Dios del universo había llegado como un niño. Aún era peligroso en todo el imperio romano confesarle a alguien que uno era cristiano, aunque las leyes contra serlo eran impuestas sólo ocasionalmente.

Pero eso no detenía a aquellos que verdaderamente profesaban conocer a Cristo de continuar honrando a Aquel que ellos servían como su Rey. Aunque Jesús les enseñó a sus discípulos que ellos deberían respetar a los gobernantes terrenales, si los forzaran a escoger entre adorar a Cristo o a Cesar, ambos los cristianos y el mismo Cesar sabían a quien los cristianos adorarían. Así que el enfrentamiento continuaba.

Lo único que indicaba que verdaderamente este era un sitio santo era la bien usada senda colina arriba que llevaba a un creyente a la cueva. Diez miles de peregrinos ya habían llegado a este lugar en los últimos doscientos cincuenta años. Los habitantes de Belén lo conocían bien, pues era el mismo lugar que se les había enseñado a los peregrinos por generaciones desde los días de Cristo.

Mientras Demetrio guiaba a los otros tres por la senda a la cueva, Nicolás se rió calladamente y después en alta voz. Los otros dieron una vuelta para ver qué era lo que lo había hecho reír tan de improviso. ¡Hasta él mismo se había sorprendido! Aquí estaba en el lugar más santo que anhelaba ver, y se estaba riendo.

Nicolás dijo, "Estaba pensando en los reyes magos que vinieron a Belén a ver a Jesús. Seguramente subieron por esta misma colina. Me imagino lo grandioso que eran, montados en sus camellos y trayendo sus regalos de oro, incensio y mirra. Por un instante me imaginaba que yo era uno de esos reyes montado en un camello. De repente pisé en la senda el excremento de una oveja. ¡En un instante el olor me regresó de nuevo a la realidad que no soy nada de grandioso!"

"Sí," dijo Rut, "pero no nos dijo usted que los ángeles habían hablado con los pastores primero, y que ellos fueron los primeros en ir a ver al bebé? ¡Entonces, tener el olor de excremento de oveja no le hace parecer a uno de los reyes, pero le hace parecer a aquellos que Dios trajo al pesebre *primero!*"

"Bien dicho, Rut," Nicolás dijo. "Tienes absolutamente la razón."

Rut sonrió al contemplar su idea, y entonces sus ojos les dieron saber que tenía otra idea. "Pero, ¿tal vez nosotros también debemos traer un regalo, como los reyes magos?" La idea la motivaba, como si verdaderamente se preocupaba por no tener nada que traerle al Rey. Era cierto que Él ya no estaba ahí para recibir su regalo, aún ella estaba cautivada con los cuentos de Jesús que Nicolás les decía por el camino. Ella pensaba que por lo menos tenían que traerle *algún* regalo.

"¡Miren!" les dijo la niña señalando un lugar en la colina a una distancia de ellos. Dejó la senda y en unos momentos había regresado con cuatro pequeñas y delicadas flores doradas, una para cada uno de ellos. "Me parecen como si fueran de oro."

De pronto ella sonrió ampliamente y le dio a cada uno un regalo para llevarle a Jesús. Nicolás sonrió también. *Siempre hay algo que podemos darle,* él pensó. *Sea el oro de una mino o el oro de una flor, le traemos a Dios sólo lo que ya es suyo, no es cierto?*

Y con sus regalos en mano, llegaron a la entrada de la cueva, y entraron en ella.

Capítulo 11

Nada podía haber preparado a Nicolás a sentir la fuerte emoción que lo llenó al entrar en la cueva.

En el suelo delante de él había un pesebre de madera improvisado, un cajón para darles de comer a los animales, seguramente muy parecido al que fue usado para poner a Jesús la noche que nació. Aparentemente alguien lo había puesto allí como una memoria de lo que había ocurrido allí. Pero para Nicolás el resultado fue profundo.

Un momento él se reía de sí mismo y miraba a Rut recoger flores de la colina, y el próximo momento, al ver el pesebre, se encontró arrodillado, llorando sin control al pensar en lo que había ocurrió en ese mismo lugar.

Pensó en todo lo que toda su vida él había oído decir de Jesús—de cómo él había curado a los enfermos, caminado sobre el agua y levantado a un muerto. Pensó en las palabras que Jesús había hablado—palabras que resonaban con el peso de *autoridad* como el autor de la misma vida. Pensó en sus propios padres que habían ofrecido sus vidas por aquellos que amaban para servir a este Hombre llamado Jesús que había muerto también por ellos.

Los pensamientos le llenaban completamente la mente de tal manera que Nicolás sólo podía llorar con sinceras lágrimas. Le salían del alma. También, muy profundo dentro de él, Nicolás se sintió conmovido como nunca en la vida se había sentido. Era una sensación que le provocaba una respuesta, una acción. Era un sentimiento tan diferente a cualquier otro que jamás había tenido, pero sin duda alguna, había ahora un paso que Nicolás tenía que tomar, como si una puerta se abriera delante de él y él sabía que tenía que entrar por ella. Pero, ¿cómo?

Como una respuesta a su pregunta, Nicolás recordó la flor dorada en su mano. Sabía exactamente lo que tenía que hacer y él quería hacerlo con todo deseo.

Levantó la flor en su mano y la puso

delicadamente en el piso delante del pesebre de madera. La flor dorada ya no era solamente una flor. Era un símbolo de su propia vida, ofrecida al servicio del Rey.

Nicolás se quedó arrodillado allí por varios minutos rindiéndose a la sensación que en el momento sabía, mientras la experimentaba, que lo cambiaría por el resto de la vida. No se daba cuenta de nada en su alrededor. Lo único que sabía era que tenía que servir a este Rey, a este Hombre que ciertamente era Hombre en todo sentido, pero que también era uno con Dios, la propia naturaleza de Dios mismo.

Como despertándose lentamente de un sueño, Nicolás empezó otra vez a darse cuenta de su ambiente. Se fijó en Demetrio y Samuel a su izquierda y en Rut a su derecha, también arrodillados. De haber visto a Nicolás arrodillarse, ellos también hicieron lo mismo. Ahora miraban de Nicolás al pesebre delante de él.

La emoción que había llenado a Nicolás ahora los llenaba a ellos también. Ellos se imaginaban lo que él sentía, sabiendo de su devoción a Jesús y lo que les había costado a sus padres seguirlo a Él. Cada uno de ellos, de su propia manera, empezó a sentir dentro de sí lo que era sentir tal amor y devoción.

Al ver a Nicolás colocar su flor delante del pesebre, ellos empezaron a sentir el mismo deseo. Si Cristo era tan importante para Nicolás, entonces definitivamente también querían seguir a Jesús. Nunca en la vida ellos habían sido amados como Nicolás los había amado esos últimos tres días. Pero a pesar de todo sabían que el amor que Nicolás les había mostrado no se originaba sólo en él, pero en Dios a quien Nicolás servía. Si este era el efecto que Jesús hacía sentir en sus siervos, entonces ellos también querían servir a Jesús.

Cualquier duda que Nicolás había tenido en su fe antes de ese día, todas habían desaparecido en esos momentos eternos. Nicolás había llegado a ser, verdaderamente, un *creyente*.

Y desde ese primer momento de poner totalmente su fe y confianza en Jesús, él ya estaba inspirando a otros a hacer lo mismo.

PARTE 3

Capítulo 12

Una vez más, Nicolás estaba sólo frente al mar. Esta vez, sin embargo, estaba en la orilla de la Tierra Santa, mirando hacía el Gran Mar y hacia su tierra natal.

En los meses después de su visita a Belén, Nicolás, junto con su joven guía y guarda espaldas, habían buscado todos los sitios santos posibles relacionados con Jesús. Habían vuelto a trazar los pasos de Jesús de su infancia en el pueblo de Nazaret hasta las aldeas pescadoras en Capernaúm, donde Jesús había vivido de mayor.

Ellos habían puestos sus pies en el agua del río Jordán donde Jesús había sido bautizado y habían nadado en el Mar de Galilea donde Él había caminado en el agua y calmado la tormenta.

Ellos habían visitado el monte donde Jesús había hablado del reino de los cielos, y se habían maravillado en el lugar done Él había dividido los cinco panes y los dos peses para darle de comer a la multitud de más de cinco mil personas.

Aunque fue en Belén donde Nicolás se llenó de asombre y adoración, fue en Jerusalén done se llenó de misión y propósito. Al caminar por las calles donde Jesús había llevado Su cruz al lugar de su propia crucifixión, Nicolás sintió el peso en los hombros como si también cargara la cruz. Entonces, al ver el monte donde Jesús había muerto, y la cercana tumba vacía donde Jesús había resucitado de la muerte, Nicolás sintió desaparecer el peso sobre los hombros, como Jesús se habría sentido al salir de la tumba donde lo habían sellado.

Fue en ese momento cuando Nicolás supo cual sería su misión y su propósito en la vida: señalar a otros a Él que también era capaz de levantar sus cargas. Quería mostrarles que ellos ya no tenían que llevar solos las cargas del pecado, del dolor, de la enfermedad y de la necesidad. Quería mostrarles que ellos podían arrojar sus preocupaciones sobre Jesús, y saber que Jesús se interesaba en ellos. "Vengan a mí, todos ustedes que están cansados y agobiados," Jesús había dicho, "y yo les daré descanso."

Los cuentos que Nicolás había oído de niño ya no eran imágenes imprecisas y lejanas de lo que *podía* haber ocurrido. Eran cuentos que habían tomado nueva vida para él, cuentos que ahora eran de tres dimensiones y de todo color. No era sólo que ahora había visto estos sitios con sus propios ojos. Otros ya habían hecho eso, y algunos hasta vivían allí en ese lugar, pero aún nunca habían sentido lo que Nicolás sentía. La diferencia en Nicolás era que él veía esos cuentos por medio de ojos de fe, por medio de ojos de un creyente, como uno que ahora verdaderamente creía todo lo que había ocurrido.

A medio que su aventura de viajar a cada uno de los sitios sagrados concluía, Nicolás regresó al lugar donde por primera vez había sentido la presencia de Dios tan fuertemente: a Belén. Sentía que para prepararse mejor para el nuevo llamamiento de su vida, debía pasar tan cuanto tiempo posible viviendo y aprendiendo en esta tierra tan especial. Mientras exploraba la ciudad de Belén y lo que la rodeaba, encontró otra cueva cerca, en la ciudad de Beit Jala, que era parecida a la cueva donde Jesús había nacido. Empezó a vivir en esa cueva con la esperanza de vivir y aprender lo más posible de todo lo que había en esta tierra donde su Salvador había vivido.

Demetrio, Samuel y Rut también habían sentido una nueva misión y propósito en la vida. Aunque querían haberse quedado con Nicolás, se sentían obligados a continuar su importante obra de guiar a más personas a ver estos sitios santos. Ya no era solo para ganarse la vida, pero ahora sabían que era un llamamiento sagrado, un llamamiento para ayudar a otros sentir lo que ellos habían sentido.

Ya habían pasado cuatro años desde que Nicolás había llegado a esta orilla del Gran Mar. Durante esos años, a menudo él veía a sus jóvenes amigos traer más y más peregrinos a ver lo que ellos le habían mostrado a Nicolás. En esos años que pasaron tan rápido, él vio a cada uno de ellos crecer en "sabiduría y estatura, gozando del favor de Dios y toda la gente," igual que Jesús lo había hecho en su infancia en Nazaret.

A Nicolás le hubiera encantado quedarse allí más tiempo, pero el mismo Espíritu de Dios que lo había traído a ese lugar, ahora lo atraía a regresar a su pueblo. Sabía que no podía mantener esa experiencia santa para siempre. Había gente que lo necesitaba, y una vida que lo esperaba en su pueblo en la provincia de Licia. Lo que le esperaba esa vida, él no lo sabía. Con sus padres ya muertos, había poco que lo atraía a su hogar, pero era simplemente el Espíritu de Dios que lo movía hacía delante en la próxima fase de su viaje.

Buscar un barco para regresar era más difícil que encontrar uno para venir a este lugar porque los mares en calma del verano estaban al terminar y las primeras tormentas de otoño estaban al llegar. Pero Nicolás estaba convencido que ese era el momento, y sabía que si esperaba más tiempo, tal vez no llegaría a su destino hasta la primavera—y la atracción del Espíritu era demasiado fuerte para demorar.

Así que cuando supo que un barco estaba a punto de llegar en cualquier momento, uno de los últimos de la temporada de viaje entre Alejandría y Roma, rápidamente él hizo planes para viajar. El barco había de llegar la próxima mañana, y él sabía que no podía quedarse atrás.

Había mandado un recado por medio del dueño de una tienda a sus tres amigos diciéndoles que se embarcaría por la mañana. Pero aún al anochecer él no había tenido ninguna noticia de ellos.

Entonces estaba solo enfrente al mar pensando en todo lo que había ocurrido y en todo lo que había cambiado su vida desde el momento de llegar a la Tierra Santa—y en todo lo que cambiaría al embarcar de allí. Esos pensamientos lo llenaban de emoción, anticipación y hasta, sinceramente, de miedo.

Capítulo 13

Aunque el barco de Nicolás llegó la siguiente mañana como esperaba, los niños no habían llegado.

Esa tarde, cuando era el momento de embarcar, los tres aún no habían llegado. Nicolás tristemente, había renunciado la posibilidad que se encontraran otra vez. Empezó a caminar hacia el barco, cuando sintió que alguien lo halaba de la manga.

"¿Es usted cristiano?" se le dirigió una voz otra vez, pero esta vez con más madurez que cuatro años antes. Era Demetrio, claro. Nicolás dio una vuelta enseguida y sonrió con una amplia sonrisa.

"¿Qué si soy cristiano? ¡Sin duda." Dijo al ver a los tres niños también con sonrisas. "¿Y ustedes?" añadió, preguntándoles a sus tres amigos.

"¡Sin duda!" contestaron los tres, casi a la vez. Así era como hablaban de su fe desde haber compartido esa experiencia en Belén, la experiencia cuando sus dudas acerca de Dios habían desaparecido.

Mientras Nicolás contemplaba las tres caras una vez más, pensó en qué era más difícil: dejar esta preciosa tierra, o dejar a estos precios jovencitos que había conocido allí. Sabían que Dios los había llamado para un propósito, y ellos confiaban que Dios ahora los llamaba a separarse para otro propósito también, como cuatro años antes Nicolás sentía llamado a vivir en Belén y ellos a continuar llevando a los peregrinos de ciudad a ciudad.

Pero aún sabiendo la voluntad de Dios era difícil someterse a ella. Como Nicolás a veces les recordaba, las lágrimas indicaban el amor más fuerte del mundo. Sin lágrimas, cuando uno pierde lo que le importa más, sería difícil decidir si esas cosas eran verdaderamente importantes.

La falta de lágrimas no sería el problema hoy. Una vez más Nicolás les pidió que pusieran su mano derecha delante de ellos. Al poner su mano en el bolsillo para poner tres monedas grandes en sus manos abiertas, no pudo hacerlo tan rápido como esperaba. Al instante los tres jovencitos habían puesto sus brazos completamente alrededor del cuello, la espalda y la cintura de Nicolás, según la altura de cada niño. Cada uno lo abrazaba fuertemente y por mucho tiempo, cuando uno de los marinos del barco le dijo a Nicolás que ya era hora de embarcar.

Mientras Nicolás abrazaba a cada uno de ellos una vez más, en secreto les puso una moneda en cada uno de sus bolsillos. Durante el tiempo que habían pasado juntos, los regalos de Nicolás habían ayudado a los niños inmensamente. Pero no eran los regalos de Nicolás que los bendecían tanto como su *presencia*—su deseo de pasar tanto tiempo con ellos. Aún, Nicolás quería darles una última bendición que ellos iban a descubrir después de despedirse y, como siempre, él daba sus mejores bendiciones en secreto.

Nicolás no sabía si reír o llorar al darles este último regalo, así que hizo las dos cosas. En silencio también ofreció una oración de agradecimiento por cada una de sus vidas, entonces se despidió de cada uno de ellos por última vez. Los abrazos de los niños fue la mejor despedida al pisar en el barco y dirigirse a su pueblo—sin saber que sus abrazos y sus palabras dulces también lo ayudarían a llevarlo a través de los días tenebrosos que él estaba a punto de enfrentar.

CAPÍTULO 14

El viento azotó el barco tan pronto como había salido de la orilla. El capitán del barco esperaba adelantar el viaje antes que la tormenta llegara, navegando unas horas por la costa al puerto de la próxima ciudad y pasar la noche allí. Navegar por la costa del Gran Mar prolongaba el viaje, deteniéndose en los puertos de cada ciudad en vez de seguir directamente al destino final. Pero navegar directamente era también más peligroso, especialmente en esta estación del año. Así que para evitar el invierno cercano, y la anticipada tormenta, querían navegar cada día lo más posible.

Nicolás se dio cuenta que mantener fechas previstas era más que un asunto del deseo del capitán para cumplir el contrato con los clientes. Era también un asunto de vida o muerte para las familias del equipo del barco que venían a bordo, incluyendo la familia del capitán. Nicolás llegó a saber que una escasez de comida se realizaba por todo el imperio, ahora afligiendo la ciudad de Roma. El hambre había comenzado en las áreas rurales ya que había escasez de lluvia en los alrededores, pero la escasez ya empezaba a disminuir las reservas en Roma también. Los precios subían, pero aún las familias que podían comprar la comida rápidamente reducían sus recursos para obtenerla.

El capitán del barco no era un hombre ignorante, ya que él había navegado estas aguas por casi treinta años. Pero también sabía que el riesgo de detener el viaje en este momento podía paralizarlo hasta pasar el invierno. Si eso pasara, la carga de grano se destruiría para la primavera, al igual que su familia. Así que era preciso que el barco siguiera adelante.

A Nicolás le parecía que la decisión de seguir navegando era beneficiosa. Él también sentía el deseo de continuar con el viaje, aunque no era familia ni carga que se lo causaba. Era el mismo Espíritu de Dios. No podía explicárselo a nadie, menos a los que ya lo habían sentido. Lo único que sabía era que continuar el viaje era *importante*.

Había pensado pasar más tiempo en la Tierra Santa, quizás hasta su vida entera. Se sentía a gusto allí desde el principio porque había oído tantos cuentos del lugar toda su niñez. No tenía mucha familia que lo esperaba en ningún otro lugar, y hasta este momento, estaba contento en quedarse donde estaba, si no fuera por el impulso del Espíritu indicándole que era hora de salir.

Ese sentimiento le empezó como una inquietud al principio, sentía que ya no estaba tan a gusto en quedarse donde estaba. No podía proyectar el sentimiento a algo en particular que le estorbaba donde estaba, sólo que ya era tiempo de salir de allí. Pero, ¿adónde? ¿Adónde quería Dios que él fuera? ¿Tenía Dios otro sitio que debía ver? ¿En otra parte del país que debía vivir? Tal vez, ¿otro país que debería visitar?

Mientras la inquietud le crecía, su corazón y mente empezaron a explorar las opciones en más detalles. Había aprendido en el pasado que el mejor modo de escuchar a Dios era deshaciéndose de su propia voluntad, para dedicarse totalmente a la voluntad de Dios, fuera lo que fuera. Mientras dejar atrás su voluntad siempre era difícil, él sabía que Dios lo guiaría por sendas mejores. Finalmente, dejando su propia voluntad, Nicolás empezó a ver la voluntad de Dios más claramente aún en esta situación. Aunque sentía que la Tierra Santa era su nuevo hogar, verdaderamente no era su hogar. Sentía con seguridad que ya era la hora de regresar a su región natal, a la provincia de Licia en la costa norte del Gran Mar. Había algo, sentía él, que Dios quería que él hiciera allí—algo que por lo cual se había preparado y había sido llamado, y era, en efecto, la razón que Dios había escogido para que él creciera allí desde su niñez. Tal como Nicolás había sentido alivio cuando fue a la Tierra Santa, ahora se sentía aliviado al regresar a su pueblo.

A su pueblo se dirigía, y a su pueblo tenía que ir. Ese impulso interno que sentía era tan fuerte—y hasta más fuerte—como el impulso que obligaba al capitán y el equipo del barco a llevar al pueblo la carga, sana y salva, a sus queridas familias.

Tormenta o no, tenía que seguir adelante.

CAPÍTULO 15

El barco de Nicolás no pudo llegar al próximo puerto en la costa. Al contrario, con el deseo de navegar delante de la tormenta, se encontraron en el medio de ella. La tormenta azotaba el barco llevándolo lejos de la costa en las primeras horas del viaje, y empujando el barco más y más lejos de la costa, hasta que tres horas más tarde se encontraba prisionero en sus olas.

El equipo ya había bajado las velas abandonando todo esfuerzo de guiar el barco con el timón en dirección contraria. La esperanza era que en seguir el paso de la tormenta en vez de ir contra él podrían mejor mantener el barco a salvo. Pero esta opción también parecía llevarlos dentro de aguas más profundas y peligrosas manteniéndolo cerca del ojo de la tormenta.

Después de tres horas los mareos que al principio los pasajeros y el equipo tenían ya no era la preocupación. Ahora el miedo de morir los llenaba a todos, menos a los más valientes a bordo.

Aunque Nicolás había viajado en barco antes, no se consideraba uno de los más valientes. Él nunca había sentidos olas como estas azotar un barco. Y él no era el único. Al empeorarse la tormenta, cada hombre decía que esta era la tormenta más terrible que jamás había visto.

La próxima mañana cuando la tormenta aún azotaba, y también la próxima, y la próxima aún, y las olas los tiraba de lado a lado, todos pensaban cual había sido la razón de la prisa en tratar de navegar delante de la tormenta. Ahora ellos solo esperaban y oraban que Dios los permitiera vivir para poder presenciar sólo un día más, una hora más. Mientras ola tras ola golpeaba el barco, Nicolás sólo oraba que Dios los permitiera resistir una ola más.

Los pensamientos y oraciones de Nicolás se llenaban de curiosidad sobre las experiencias del Apóstol Pablo, ese creyente en Cristo que había navegado de ida y vuelta por el Gran Mar tantas veces en barcos semejantes a este. Fue en el último viaje de

Pablo a Roma que había puesto pie en Mira,
solo a unos kilómetros del pueblo de Nicolás.
Entonces, al continuar de Mira a Roma, se
enfrentó con una de las tormentas más
violentas que había sufrido en el mar, una
rabiosa furia que duró más de catorce días y
terminó en que las olas destrozaran su barco
llevándolo a fondo en un banco de arena,
cerca de la costa de la isla de Malta.

Nicolás oró que *esa* batalla con el viento no
durara catorce días. No sabía si podrían pasar
aún un solo día más. Trató de pensar si Pablo
había hecho algo para poder salvar su vida y
las de los doscientos setenta y seis hombres en
la tripulación que navegaban con él, aunque el
barco y la carga se habían perdido. Pero con
lo mucho que pensaba, lo único que recordó
fue que un ángel se le había aparecido a Pablo
la noche antes de que el barco se echara a
fondo. El ángel le dijo a Pablo que se animara
—que aunque el barco se destruiría, ninguno
de los hombros a bordo iba a morir. Cuando
Pablo les contó a los marinos de la visita
angélica, todos se armaron de valor, porque
Pablo estaba convencido que iba a suceder
como el ángel se lo había dicho. Y así fue.

Pero a Nicolás no se le apareció ningún

ángel.   No había consecuencia celestial ni
consejo alguno de lo que ellos deberían o no
deberían hacer.   Lo único que sintió fue esa
obligación interna que había sentido antes de
apartar del puerto—que necesitaban llegar al
destino en cuanto antes.

Sin saber qué más hacer, Nicolás recordó el
dicho de su padre: "Mandatos corrientes son
mandatos beneficios." Si un soldado no sabía
qué hacer a continuación, aunque la batalla a
su alrededor le parecía cambiar de origen, si el
comandante no había cambiado el mandato,
entonces el soldado debía continuar con el
mandato más corriente. Mandatos corrientes
son mandatos beneficios.   Fue este dicho
sabio de su padre, más que cualquier otro
pensamiento que guiaba a Nicolás y le daba el
valor para hacer lo que hizo después.

Capítulo 16

Cuando la tormenta parecía estar a punto de vencerlos, Nicolás empezó a pensar en los niños que acababa de dejar. La visión de ellos no lo llenaba de tristeza sino de esperanza.

Él empezaba a animarse con los cuentos que ellos habían aprendido de Jesús calmando la tormenta, de Moisés dividiendo el Mar Rojo, y de Josué deteniendo la corriente del Río Jordán. Nicolás y los niños a veces se imaginaban cuál sería el resultado de poder controlar las fuerzas de la naturaleza de tal manera. Hasta Nicolás mismo, en algunas ocasiones, había intentado hacerlo, así como Demetrio, Samuel y Rut. Cuando llovía, levantaban las manos y oraban para detener la lluvia. Pero sólo continuaba lloviendo mojándoles la cabeza. Cuando llegaron al Mar de Galilea, trataron de caminar sobre el agua, así como Jesús lo había hecho—y hasta Pedro lo hizo, aunque fue por sólo unos momentos. Nicolás y los niños presumían que ellos no tenían suficiente fe o fuerzas o cualquier otra cosa necesaria para poder hacer tales cosas.

Aún mientras otra ola azotaba el barco donde Nicolás ahora estaba, se dio cuenta que estos cuentos tenían algo en común. Tal vez no era la fe que causaba el problema, pero el momento divino. En cada cuento que recordaba, Dios no permitió esos milagros por capricho como para entretener a aquellos que intentaban hacerlos. Dios los permitió porque Dios tenía sitios que tenían que visitar, personas que tenían que ver y vidas que tenían que ayudar. En cada situación había algo urgente que requería hacer no sólo lo que las personas querían hacer por *su* cuenta, pero lo que Dios mismo en su corazón quería hacer.

Le parecía que los milagros se habían hecho no sólo en el deseo de reorganizar el mundo de Dios, pero en el deseo de Dios de reorganizar el mundo de los fieles. A Nicolás le parecía que era una combinación de orar en fe, más la voluntad divina de Dios, que causaba esa chispa entre el cielos y la tierra y, encendida por ambos deseos a la vez unidos, que había explotado en un poder que era capaz de mover montañas.

Cuando Jesús tenía que cruzar el lago, pero los discípulos ya habían salido en el bote, Él pudo encender, por medio de fe, el proceso que lo dejó caminar en el agua, y a la vez calmar la tormenta que amenazaba quitarles la vida cuando por fin llegó a donde estaban ellos.

"Mandatos corrientes eran mandatos beneficiosos," Nicolás recordó, y él creía con todo su ser que si Dios no había cambiado el mandato, entonces ellos tendrían que hacer todo lo necesario para llegar al otro lado del Gran Mar. Pero no era suficiente que sólo fuera la voluntad de Dios. Dios buscaba a alguien dispuesto, aquí en la tierra, que también tuviera esa voluntad, de modo que se completara la conexión divina y causara que el milagro explotara. Como Moisés cuando levantó su vara en lo alto o cuando los sacerdotes de Josué tomaron el primer paso al entrar en el Río Jordán, Dios necesitaba a alguien que estuviera de acuerdo con su voluntad en plena fe que lo que Él deseaba en el cielo ocurriría aquí en la tierra. Dios ya le había dicho a Nicolás lo que debería ocurrir.

Ahora le tocaba a Nicolás completar la conexión divina.

"¡Oigan, todos!" Nicolás gritó para llamarle la atención a la tripulación. "¡El Dios que yo sirvo y que nos ha dado a cada uno de nosotros la vida, quiere que nosotros lleguemos a nuestro destino más que nosotros mismos lo queremos. Debemos de estar de acuerdo en fe, aquí y en este momento, no sólo que Dios es *capaz* de hacerlo, pero que su *voluntad* es que lo hagamos. Si ustedes aman a Dios, o por lo menos si creen que lo desean amar, quiero que oren conmigo, que verdaderamente lleguemos a nuestro destino y que nada se enfrente con nuestro viaje!"

Tan pronto como Nicolás dijo esas palabras, lo inexpresable ocurrió: no sólo el viento no dejó de soplar, pero se impulsó. Nicolás se detuvo por un momento, como si hubiera cometido un error cósmico o fallado en calcular a Dios y lo que Él quería que hiciera. Pero entonces se dio cuenta que aunque el viento había aumentado, también había cambiado de dirección ligeramente, pero de tal distinta y evidente forma que Dios les había llamado la atención a todos a bordo. En vez de ser golpeado por las olas por los dos lados, ahora el barco navegaba por medio de ellas, como si un canal había sido segado en las mismas olas. El barco se movía de ese modo, no sólo por unos momentos, pero por las próximas horas.

Cuando la velocidad y dirección del barco continuaban su firme y impresionante curso, el capitán se acercó a Nicolás. Le dijo que nunca en la vida había visto tal cosa. Le parecía como si una mano invisible estaba a cargo del timón del barco, firme y derecha, aunque nadie estaba a cargo de las cuerdas amarradas al timón, ya que habían abandonado controlarlo cuando los vientos empezaron a soplar a lo máximo.

Nicolás sabía también—aunque ciertamente no tenía la experiencia del capitán —que esto no había sido un fenómeno normal en alta mar. Él había sentido algo fuera de lo corriente tomando control desde el momento que se había dirigido a la tribulación, y lo sentía aún mientras seguían adelante.

Lo que había por delante, él no lo sabía. Pero lo que sí sabía era que Él que los había traído hasta aquí no quitaría su mano del timón hasta terminar lo que intentaba desempeñar.

Capítulo 17

La tormenta que amenazaba terminar sus vidas, resultó en salvar muchas más. En vez de seguir la distancia más alejada por la orilla, la tormenta los había llevado directamente por el centro del mar, directo por las partes más peligrosas que ellos no se habrían sometido por su cuenta en esa temporada del año.

Al ver tierra al amanecer del quinto día, supieron con seguridad donde estaban. Era la ciudad de Mira, sólo a unos kilómetros del pueblo de Nicolás, y la misma ciudad donde el Apóstol Pablo había cambiado de barco en su famoso viaje a Roma.

Estaban tan cerca a su pueblo que Nicolás supo dentro de sí que estaba a punto de tocar pie en el lugar exacto donde Dios quería que él estuviera. Dios, sin duda alguna, le había salvado la vida para un propósito que ahora empezaría el próximo capítulo de su vida.

Al navegar más cerca a la costa, se dieron cuenta que la tormenta que los azotaba en alta mar, apenas se había realizado en la costa.

Las lluvias que habían inundado el barco los últimos días, y que también deberían haber estado saciando la tierra, no la habían mojado por varios meses. La sequía que el capitán y los marinos le habían dicho a Nicolás que había en Roma, ya se había realizado en Licia por dos años y medios. El sumo resultado era que la cosecha que habría de llenar los almacenes para el invierno entrante y para proporcionar las semillas para el próximo año ya se habían agotado. Si la gente de Lira no conseguía grano para comer ahora, muchos no podrían sobrevivir el invierno, y muchos más morirían la próxima primavera, ya que no tendrían semilla para sembrar otra cosecha. El barco era uno de los últimos que pudo salir de la tierra fértil de Egipto antes del invierno, y llegar en este momento y con esta necesitad le parecía a la gente como un milagro. Ciertamente había sido la respuesta a sus oraciones.

Pero la respuesta no era tan simple para el capitán del barco. Él tenía órdenes precisas de los encargados de los almacenes del

Imperio Romano que ni una semilla de todo el grano había de desaparecer al llegar el barco a Roma. El barco se había pesado en Alejandría antes de partir de Egipto y de nuevo se pesaría en Roma—y el capitán personalmente sería responsable de cualquiera diferencia. La escasez de comida había aumentado la preocupación del emperador por traer alivio a su pueblo. No solamente eso, pero las familias del capitán y los marinos esperaban la llegada de la comida. Sus empleos y las vidas de sus familias, dependían de la segura llegada de cada grano a bordo.

Pero aún, sin la fe y el apoyo de Nicolás, el capitán sabía que el barco y la carga se habrían perdido en alta mar, así como sus vidas.

Aunque Nicolás sabía ciertamente que Dios lo había regresado a su pueblo, no estaba totalmente seguro que hacer acerca de la necesidad de grano. Aunque le parecía que ofrecerle por lo menos parte de la carga a la gente de Mira sería lo correcto, Nicolás aún lo contemplaba del punto de vista de Dios. ¿No estaba esta ciudad, o cualquiera otra en el imperio, con la misma necesidad de la carga que Roma que la había comprado y pagado para que se la entregaran? Pero a Nicolás también le parecía que el barco había sido llevado específicamente a esta ciudad en particular, en ruta directa y precisa en medio de las enormes olas.

La decisión de lo que se debería hacer en ese momento tomó lugar sólo dentro de unos minutos de haber llegado a la orilla. Y Nicolás y el capitán tuvieron poco tiempo para pensar en las opciones de lo que iban a hacer porque los habitantes ya corrían para ver el barco con sus propios ojos, cada uno maravillado del modo que Dios aparentemente lo había traído a su puerto hambriento. Se reunían en grupos más y más grandes para darle la bienvenida al barco y a la vez, darle las gracias y la adoración a Dios.

Ambos, Nicolás y el capitán sabían que sólo Dios mismo podía resolver el problema. Los dos, así como la tripulación, ya habían convenido la noche anterior—mientras velozmente y sin fuerzas humanas el agua los agitaba—que lo primero que harían al llegar a tierra sería ir a la parroquia más cercana y darle gracias a Dios por rescatarlos. Al ver donde habían llegado, Nicolás sabía exactamente donde estaba la parroquia. Era una que su familia había visitado de vez en

cuando al viajar entre las dos ciudades de
Patara y Mira. Después de decirle a la
tripulación que su primera obligación era la de
darle gracias a Dios por traerlos a ese lugar
con toda seguridad, Nicolás, el capitán y los
marinos partieron para la parroquia de Mira.

Al cruzar la ciudad y subir la colina donde
estaba acunada la parroquia, no tenían idea
que los clérigos dentro sus muros ya habían
estado batallando con una batalla propia.

PARTE 4

Capítulo 18

El próximo paso de la vida de Nicolás estaba a punto de determinarse por medio de un sueño. Pero no fue uno que Nicolás había soñado—fue un sueño que Dios había concebido y había puesto en el corazón de un hombre, un clérigo de la ciudad de Mira.

Las semanas antes de llegar Nicolás a Mira, una tragedia había sucedido en la parroquia del pueblo. El anciano obispo, el dirigente de la parroquia, había muerto. La tragedia que había sucedido no era la muerte del obispo, pues había vivido una larga y productiva vida y simplemente se había sometido a los efectos de la edad. La tragedia era la disputa que resultó a causa de quién tomaría el puesto de ser el próximo obispo.

Aunque parecía que tal problema se podía resolver amistosamente, especialmente dentro de una parroquia, cuando es asunto de los corazones humanos, la lealtad y el deseo personal muchas veces confunden a la gente tanto que no pueden distinguir cual es la voluntad de Dios en cierta situación. Es difícil para todos, hasta para la gente religiosa, mantener sus mentes fuera de ideas premeditadas y preferencias personales con respeto a lo que Dios quiere o no quiere hacer en tal momento.

Este debate era la tormenta que ahora se agitaba ya por una semana, y la cual había llegado a su ápice la noche antes de llegar Nicolás.

Esa noche uno de los clérigos había tenido un sueño que lo había despertado repentinamente. En su sueño vio a un hombre que nunca había visto y que claramente iba a tomar las responsabilidades del querido y difunto obispo. Cuando despertó del sueño, no recordaba nada de la apariencia del hombre, pero solo recordaba su nombre: Nicolás.

"¿Nicolás?" preguntó uno de los otros clérigos al oír del sueño de su compañero. "Ninguno de nosotros jamás hemos usado ese nombre, ni tampoco hay nadie llamado Nicolás en toda la ciudad."

Nicolás no era, por cierto, un nombre popular en esa época. Solo se mencionó de paso en el evangelio de de Lucas cuando se estableció la iglesia, así como otros nombres también fuera de lo común en esos días en Mira, nombres como Prócaro, Nicanor, Timón, Parmenas. A los otros clérigos les parecía ridículo la posibilidad que este sueño fuera divino. Pero el clérigo mayor les recordó, "Hasta el nombre de Jesús se lo había dado un ángel a su padre en un sueño.

Tal vez era este testimonio del evangelio o tal vez era la falta de posibilidad que jamás ocurriera, que los clérigos decidieron que verdaderamente considerarían a la próxima persona que entrara por la puerta y respondiera al nombre de Nicolás. Ciertamente sería beneficioso para romper la situación en que se encontraban de no poder seguir adelante.

¡Cuál fue su sorpresa entonces, cuando al abrir la puerta principal para las oraciones matutinas, ellos se encontraron con la tripulación entera de un *barco* a punto de entrar en la parroquia!

Los clérigos saludaron a cada hombre al entrar por la puerta, dándoles la bienvenida a la parroquia. Los últimos dos por entrar fueron el capitán y Nicolás, ya que habían dejado entrar a todos los otros hombres primero. El capitán les dio las gracias a los clérigos por dejarlos compartir sus oraciones matutinas con ellos, entonces, refiriéndose a Nicolás les dijo, "Y gracias a Nicolás por tener la brillante idea de venir aquí hoy."

Los asombrados clérigos se miraron los unos a los otros sin poder creerlo. Tal vez Dios les había contestado sus oraciones al cabo.

Capítulo 19

Al llegar a la parroquia la preocupación del capitán de qué hacer con el grano en el barco desapareció tan pronto como había desaparecido la tormenta al llegar a la orilla.

Dentro de unos momentos de haber comenzado las oraciones matutinas, él ya estaba convencido que solo podía haber sido la mano de Dios que había sostenido el timón del barco derecho y cierto. Ahora ya sabía que quería presentarle a la gente del pueblo una ofrenda del grano en el barco. Dios le había hablado de ambos, el plan y la cantidad. Era como si el capitán estuviera desempeñado el papel de Abran en el muy antiguo cuento de Abran ofreciéndole parte de su riqueza al sacerdote Melquisedec.

El capitán estaba dispuesto a correr el riesgo con sus superiores en Roma en vez de correrlo con el Dios que los había rescatado a todos ellos. Sabía que sin ser guiados y dirigidos por Dios hasta este punto del viaje, ni él ni la tripulación ni el barco ni la carga podrían llegar hasta Roma.

Cuando el capitán se levantó después de las oraciones, enseguida buscó a Nicolás para compartir la repuesta con él también. Nicolás estaba de acuerdo con el plan y la cantidad. El capitán le preguntó, "¿Le parece que será suficiente para toda esta gente?"

Nicolás le respondió, "Jesús pudo darles de comer a cinco mil personas con solo cinco panes y dos peces—y la cantidad que usted quiere darle a esta ciudad es mucho más de lo que Jesús tenía para empezar."

"¿Cómo fue que lo hizo?" se preguntó el capitán a sí mismo y a la vez a Nicolás.

"Lo único que sé," respondió Nicolás, "es que Él miró hacia el cielo, dio gracias y empezó a repartir la comida con sus discípulos. Al fin todos estaban satisfechos y aún tenían de sobra doce canastas llenas."

"Entonces eso es exactamente lo que haremos también," dijo el capitán.

Y en el pueblo se contaría por muchos años como el capitán del barco miró hacia el cielo, dio gracias y empezó a repartir el grano con sus marinos. Fue suficiente para satisfacer a la gente del pueblo por dos años enteros y para sembrar y cosechar aún más el tercer año.

Al despedirse los clérigos del capitán y la tripulación, le pidieron a Nicolás que se quedara con ellos por un tiempo. Los vientos de confusión que habían azotado y después cesado dentro de la mente del capitán no serían nada comparado con la tormenta que estaba a punto de formalizarse en la mente de Nicolás.

Capítulo 20

Cuando los clérigos le dijeron a Nicolás acerca del sueño y que tal vez él sería la respuesta de sus oraciones, Nicolás se quedó pasmado y sorprendido, emocionado y confuso. Muchas veces había querido ser usado por Dios con gran poder, y era indiscutible que Dios ya lo había traído por medio del Gran Mar a este lugar en este momento.

Pero ser clérigo, mucho menos obispo, sería una decisión que lo influiría toda la vida. Había pensado en seguir el negocio de su padre terrenal. Él había tenido mucho éxito en su carrera, y Nicolás se imaginaba que también podía hacer lo mismo. Pero aún más importante que continuar la carrera de su padre era tener una familia como su padre la había tenido.

Los recuerdos que Nicolás tenía de sus padres eran tan tiernos que él anhelaba tener recuerdos con su propia familia. Sin embargo, Nicolás sabía que la costumbre de todos los clérigos era privarse del matrimonio y de tener hijos para dedicarse totalmente a las necesidades de la gente a su alrededor.

Nicolás de detuvo mentalmente al pensar en la posibilidad de tener que renunciar el deseo de tener su propia familia. No era que el tener una familia era un sueño que él dejaba correr a menudo por su mente, pero era una de esas suposiciones en el fondo de su alma que él daba por hecho y que ocurriría en el futuro.

La sorpresa de tener que renunciar la idea de tener una familia, hasta antes de totalmente haber pensado en tener una, era como un sobresalto a su ser. *"¡Seguir la voluntad de Dios no debe ser tan difícil!"* pensó él. Pero él había aprendido de sus padres que echar atrás el deseo personal por el de Dios no era siempre fácil. Esa fue otra enseñanza que habían aprendido de Jesús.

Entonces, sólo por ser una decisión difícil no era suficiente razón para echarla de su mente. La imagen también corría por su mente de esos tres niños sonrientes que había conocido al pisar en la orilla de la Tierra

Santa, con sus caras al suelo y las manos extendidas. ¿No le habían parecido como familia a él? ¿Y no había cientos—hasta miles —de niños igual a ellos, niños sin familias, sin que nadie los cuidara, sin que nadie se ocupara de sus necesidades?

Y ¿no había muchísimos más en el mundo —viudas y viudos y esos que tenían familia sólo en nombre pero sin una relación personal —que aún necesitaban ayuda y apoyo y el sentir de una familia a mano? ¿Y no había también otras familias como la de Nicolás, que habían sido felices pero hallaban aún más felicidad al reunirse en el pueblo como una familia de creyentes? Rendirse a la idea de tener una familia propia no significaba que tenía que rendirse a la idea de tener una familia del todo. De hecho, era posible que él tuviera una familia aún más grande de este modo.

Mientras más Nicolás pensaba en lo que tenía que rechazar para servir a Dios en la parroquia, más pensaba en como Dios podía usar este nuevo puesto en modos que ni las ideas ni el deseo de Nicolás se podían imaginar. Y si Dios de veras era parte de la decisión, tal vez tendría su propia recompensa al final.

La furia de la tormenta que corría por su mente comenzó a reducirse. En su lugar, la paz de Dios empezó a fluir sobre su mente y su corazón a la vez. Nicolás de dio cuenta que era la paz de la divina voluntad de Dios revelándose claramente en él. Sólo tomó un momento más para saber cuál sería su respuesta.

La tormenta que al principio lo amenazaba de tal manera—fuera la tormenta en el mar o la tormenta en la parroquia o la tormenta en la mente de ambos el capitán y Nicolás— ahora en vez se había vuelto en una bendición de Dios. Eran bendiciones que de nuevo le demostraban a Nicolás que no importaba lo que pasara, Dios verdaderamente dispone todas las cosas para el bien de quienes lo aman, los que han sido llamados de acuerdo con Su propósito.

Sí, si lo clérigos lo necesitaban, Nicolás sería el próximo obispo de Mira.

Capítulo 21

Nicolás no llegó a ser un hombre diferente al momento de tomar el puesto de obispo. Llegó a ser obispo por ser el hombre que él era. Como lo había hecho con su padre muchos años antes, Nicolás continuó haciéndolo ahora y aquí en la ciudad de Mira y en los pueblos cercanos: caminar y orar y pedirle a Dios que le mostrara dónde podía usarlo de máximo beneficio.

Fue en una de esas piadosas caminatas que Nicolás llegó a conocer a Ana María. Era una bella niña de once años, pero para otros su belleza estaba escondida por su pobreza. Nicolás se encontró con ella un día que ella intentaba de vender flores que ella había hecho de hojas de hierba entrelazadas. Pero la belleza de las flores también a todos estaba escondida pero no a Nicolás, ya que a nadie le interesaba su simple creación.

Al tomar un paso hacia ella, Nicolás pensó en la pequeña Rut, la niña que él había dejado en la Tierra Santa, aguantando en su mano las flores doradas de la colina de Belén.

Cuando se detuvo para verla mejor, Dios le habló al corazón. Le parecía sentirse como Moisés se habría sentido cuando se detuvo para mirar la zarza ardiente en el desierto, el momento cuando su curiosidad humana llegó a ser un enfrentamiento divino con el Dios viviente.

"Tus flores son bellas," le dijo Nicolás. "¿Me permites tomar una?"

La niña le entregó una de sus creaciones. Mientras la veía, él también observaba a la niña. La belleza que veía en ambas, la flor y la niña, era asombrosa. De alguna forma Nicolás tenía el don de ver lo que otros no podían ver, o no veían, porque Nicolás siempre pretendía ver a la gente y las situaciones y la vida del punto de vista de Dios, como si Dios estuviera observándolo todo por medio de sus ojos.

"Me gustaría comprar ésta si es posible," le dijo.

Encantada, la niña sonrió por primera vez. Le dijo el precio y él le dio la moneda.

"Dime," le dijo Nicolás, "¿Qué piensas hacer con el dinero que te ganes vendiendo estas bellas flores?"

Lo que Nicolás oyó siguiente le partió el corazón.

Ana María era la menor de tres hermanas: Sofía, Cecilia y Ana María. Aunque su padre las amaba entrañablemente, su negocio que una vez había tenido mucho éxito, tristemente había terminado en fracaso, y pronto después su esposa había fallecido. Sin las fuerzas ni los recursos de poder levantarse de nuevo de esa oscuridad, la situación de su familia llegó a ser cada día más y más seria.

La hermana mayor de Ana María, Sofía, acababa de cumplir diez y ocho años, y su belleza causaba que muchos galanes se interesaran en ella. Pero ninguno se casaría con ella porque su padre no tenía dote que ofrecerles a ninguno de los pretendientes. Y sin dote, había poca posibilidad que Sofía o sus hermanas llegaran a casarse.

Las opciones delante de su padre eran lúgubres. Sabía que tenía que llegar a una decisión pronto para no arriesgar la posibilidad que Cecilia y Ana María no se casaran tampoco en el futuro. Sin poder ofrecer una dote apropiada, y también siendo demasiado orgulloso para aceptar caridad de otros, aunque otros tuvieran los recursos que ofrecerle, su padre estaba a punto de hacer lo que nadie se podía imaginar: iba a vender a su hija mayor como esclava para poder resolver el caso.

Cómo pensar que ésa era la mejor solución que el padre tenía a su disposición, Nicolás no se lo podía imaginar. Pero también sabía que la desesperación nublaba hasta el hombre con mejores intenciones. Al sacrificar a su hija mayor de esta manera, el padre pensaba que de alguna manera podía salvar a las menores de tal destino.

Ana María, por su parte, había inventado la idea de hacer y vender flores para intentar de prevenir ese destino de su hermana que a ella le parecía peor que la muerte. Nicolás se reprimió las lágrimas por respeto a Ana María y el esfuerzo noble que hacía para salvar a su hermana.

También se abstuvo de comprar al momento la cesta llena de flores de Ana María, porque él sabía que se necesitaba más que una cesta llena de flores para salvar a Sofía. Se necesitaba un milagro. Y mientras

Dios le hablaba al corazón ese día, Nicolás sabía que Dios lo podría usar para producirlo.

Capítulo 22

Sin exhibición ni jactancia, Nicolás ofreció una oración por Ana María, y junto con las gracias por la flor, él la animó diciéndole que continuara haciendo todo lo posible por su familia—y que continuara confiando que Dios iba a hacer lo que ella no podía hacer.

Nicolás sabía que él podía ayudar a esta familia. Sabía que tenía los recursos para mejorar su situación. Aún todavía tenía escondida en un acantilado cerca de la costa suficiente de la herencia que sus padres le habían dejado y esperaba la oportunidad para usarla en ocasiones como estas. Pero, él también sabía que el padre de Ana María era demasiado orgulloso para aceptar caridad de un hombre, aún si fuera su hora más afligida.

La humillación del padre de haber perdido su negocio, así como su pérdida personal, lo habían cegado a la realidad de lo que le estaba a punto de suceder a su hija mayor. Nicolás quería ayudarlo, ¿pero cómo? ¿Cómo podía darle una mano sin humillar más al padre de Ana María, posiblemente causando que rechazara la ayuda que Nicolás le podía ofrecer? Nicolás hizo lo que siempre hacía cuando necesitaba sabiduría. Se puso a orar. Y antes de anochecer, ya tenía la respuesta.

Nicolás le puso mano al plan—y sin detenerse mucho. Ocurría que el día siguiente era cuando el destino de Sofía se sellaba.

Sacando la cantidad adecuada de monedas de su reserva, Nicolás la puso en una bolsa pequeña. Era suficientemente pequeña para llevarla en una mano, pero suficientemente pesada para asegurar que exactamente podía resolver la situación de la familia.

Escondido bajo la oscuridad de la noche, cruzó la ciudad de Mira hacia la casa donde Ana María, su padre y sus dos hermanas mayores vivían.

Podía escuchar hablar a las muchachas adentro al acercarse en silencio a la casa. Naturalmente, su estado de ánimo era deprimido mientras hablaban de cuál sería su cierto futuro. Le pedían a Dios que les diera la fuerza necesaria para hacer lo que tenían que hacer a continuación.

Por muchos años, Sofía y sus hermanas habían soñado en el día cuando cada una de ellas conocería al hombre de sus sueños. Hasta ya les habían escrito canciones de amor a esos hombres, confiando que Dios en su perfecto tiempo les traería a cada una de ellas el hombre perfecto.

Ahora les parecía que todos sus cantos, todas sus oraciones y todos sus sueños habían sido en vano. Sofía no era la única en sentir el impacto de la nueva realidad, ya que sus dos hermanas menores sabían que el mismo destino tal vez les esperaba a cada una de ellas.

Las muchachas *querían* confiar en Dios, pero mientras más pensaban en su situación, cada una sentía que sus sueños se destrozaban.

Al pedírselo Ana María, las tres intentaron cantar su canción favorita una vez más, pero se entristecían más con la letra de la canción. Ya no era una canción de esperanza, pero una canción de desespero, y las palabras les parecían tan imposibles.

Ya no era una canción, pero una oración, y una de las oraciones más profundas que

Nicolás había oído decir con labios humanos.
El corazón se le partía por cada una de ellas,
mientras a la vez le latía con temor. Él tenía
un plan y esperaba que lo pudiera poner por
encima, pero no estaba seguro. No se
preocupaba por lo que le pasaría si fuera
descubierto, pero se preocupaba que el padre
rechazara el regalo si supiera de donde vino.
Eso ciertamente sellaría el destino adverso de
las muchachas. Al decirse las buenas noches
—y el padre apagar las luces—Nicolás supo
que ya era la hora de actuar.

Acercándose lentamente a la ventana
abierta del cuarto donde ellas habían estado
cantando, Nicolás se arrodilló. Lanzó la bolsa
con las monedas por la ventana. La bolsa
hizo un arco garboso sobre él y parecía
detenerse en el aire por un momento antes de
caer con un ruido sordo en el centro del
cuarto. Varias de las monedas sueltas
tintinearon silenciosamente al caer en el piso,
rodando y después cesando. Nicolás dio una
vuelta rápidamente y se escondió en la
oscuridad cercana, a la vez que las muchachas
y el padre se despertaron al oír el sonido.

Preguntaron si alguien estaba ahí, pero al
no escuchar respuesta alguna, entraron en el

cuarto por diferentes puertas. Cuando el padre encendió la luz, Ana María fue la primera en ver la bolsa—y se quedó con la boca abierta.

Allí, en el centro del cuarto, estaba una pequeña bolsa redonda, brillando con monedas de oro. Las muchachas se acercaron a su padre mientras él la recogió y la abrió.

Había más del oro suficiente para dar una buena dote para Sofía, con más de sobra para proporcionar las necesidades de la familia por un tiempo.

Pero, ¿de dónde había venido ese regalo? Las muchachas estaban segura que era de Dios mismo como para contestarles sus oraciones. Pero el padre quería saber más. ¿A quién había usado Dios para facilitárselo? Cierto era que no había sido ningún conocido. Salió corriendo de la casa perseguido por sus hijas, para averiguar quién se lo había dado, pero no pudieron encontrar a nadie.

Al regresar a la casa sin nadie a quien devolverle el dinero, las muchachas y el padre se arrodillaron para darle gracias a Dios por *su* salvación.

Mientras Nicolás escuchaba en la oscuridad, él también le dio gracias a Dios, porque eso era exactamente lo que él esperaba que ellos hicieran. Él sabía que el regalo verdaderamente *había sido* de Dios, procedido de Dios y dado por Nicolás a medio de la sugerencia de Dios como respuesta a sus oraciones. Nicolás solo les había dado lo que Dios le había dado a él principalmente. Nicolás no quería ni necesitaba el agradecimiento ni el reconocimiento del regalo. Solo Dios merecía la alabanza.

Pero al dejar que Nicolás tomara parte en la acción y usara sus propias manos y herencia para bendecir a otros, el nuevo obispo sintió un gozó que casi no podía contener. Al entregar el regalo él mismo, Nicolás aseguraba que fuera correctamente dado. Y al dar el regalo anónimo, él aseguraba que el verdadero dador del regalo fuera correctamente reconocido.

El regalo fue enviado y Dios recibió el reconocimiento. Nicolás había logrado sus dos metas.

Capítulo 23

Mientras Nicolás prefería hacer sus obras de caridad en secreto, había veces que por necesidad, tuvo que hacerlas a la vista. Y aunque eran sus obras secretas que fueron más apreciadas por Dios, eran sus obras públicas que fueron más apreciadas por los hombres.

Mucha gente, apropiadamente, aprecia a un caballero con armadura brillante, pero no todos quieren ser libres de la maldad—especialmente aquellos que se ganan la vida de eso.

Uno de esos hombres fue un alcalde mayor de Mira, un gobernante de la ciudad al cual Nicolás no le caía nada bien—ni nadie que tratara de detenerlo en hacer lo que él quería hacer.

El alcalde mayor era a la vez corrupto y corruptible. Estaba dispuesto a hacerlo todo para adquirir lo que quería sin conciencia del costo a los demás. Aunque Nicolás ya había tenido discordias con él varias veces en el pasado, su conflicto con él había escalado a punto alto cuando supo que el gobernante había condenado a muerte a tres hombres— por un crimen que Nicolás estaba seguro que ellos no habían cometido. Con gran anticipación, esta vez a Nicolás no le fue posible esperar hasta que noche lo cubriera. Sabía que tenía que actuar inmediatamente para librar a estos hombres de la muerte.

Esa tarde Nicolás estaba atendiendo a varios generales de Roma cuyos barcos habían llegado al puerto de Mira la noche anterior. Nicolás había invitado a los generales a su casa para saber noticia de varios cambios que estaban ocurriendo en Roma. "Un emperador nuevo está a punto de tomar el poder del imperio," ellos le dijeron, "y las consecuencias pueden ser graves para usted, señor obispo, y para todos los discípulos de Jesucristo."

Fue durante el almuerzo que Nicolás oyó decir de la sentencia injusta y la muerte inminente de los tres hombres inocentes. Inmediatamente se puso en camino hacia el lugar donde iban a llevar a cabo la muerte.

Los generales, al darse cuenta del alboroto que ocurriría, lo siguieron.

Cuando Nicolás entró de golpe en el lugar donde ocurriría la muerte, los condenados ya estaban en la plataforma. Estaban amarrados y de rodillas con el cuello y la cabeza abajo lista para la espada del verdugo.

Sin pensar en su propia vida, Nicolás brincó sobre la plataforma y le arrebató la espada de la mano al verdugo. Aunque Nicolás no era pendenciero, Nicolás actuó tan rápidamente que el verdugo no hizo mucho para agarrar la espada de nuevo de la mano del obispo.

Nicolás sabía que estos hombres eran tan inocentes como el alcalde mayor era culpable. Estaba seguro que habían sido sus hechos de caridad y no falsos, que habían ofendido al gobernante. Delante todos los curiosos, Nicolás desató las sogas que amarraban a los inocentes, desafiando a la vez al verdugo y el alcalde.

El gobernante vino a donde estaba Nicolás y se puso delante de él. Pero al hacerlo, los generales que estaban almorzando con Nicolás también se acercaron. Uno tomó su puesto a la derecha de Nicolás, otro a la izquierda y el tercero precisamente enfrente a él. Con toda prudencia, el alcalde mayor dio un paso atrás. Nicolás sabía que era hora de insistir que dijera la verdad.

Aunque el gobernante trató de defenderse, sus súplicas cayeron en oídos sordos. Ya nadie creía sus mentiras. Intentó de convencer a la gente de que él no era el que quería condenar a los hombres, pero que dos negociantes del pueblo le había dado un soborno para condenar a los hombres. Pero al tratar de poner la culpa sobre otros, se condenó él mismo con la avaricia que tenía en el corazón.

Nicolás declaró, "Me parece que no eran esos dos hombres que lo habían corrompido a usted, Señor Alcalde, pero otros dos hombres —llamados Oro y Plata.

Arrepentido, el alcalde mayor empezó a llorar y a confesarse delante de todos ésta y todas las otras maldades que había hecho, hasta por hablar con malicia de Nicolás, el cual sólo había hecho bien a todo el pueblo. Nicolás puso en libertad a más de tres prisioneros ese día, ya que hasta el alcalde mayor por fin se había liberado de su avaricia con su honesta confesión. Al ver el verdadero cambio del gobernante, Nicolás lo perdonó, para siempre adquiriendo el favor de él—y el de la gente—de ese momento en adelante.

Cuando Nicolás nació sus padres le pusieron el nombre de Nicolás, que significa en griego "el vencedor del pueblo." Por medio de hechos come estos, Nicolás llego a ser "el vencedor del pueblo" en nombre y en hecho.

Nicolás ya llegaba a distinguirse—hasta en sus propios tiempos.

Capítulo 24

Dentro de tres meses de haber recibido la dote inesperada de Nicolás, Sofía había recibido una visita de un pretendiente—uno que le parecía perfecto. Verdaderamente él era la respuesta a sus oraciones, y ella estaba agradecida, feliz y, por fin, casada.

Dos años después, sin embargo, la hermana menor de Sofía se encontró también en la misma situación. Aunque Cecilia ya tenía la edad para casarse, el negocio de su padre no había mejorado con tanto que había trabajado en él. Al acabarse el dinero que Nicolás le había dado a la familia, ellos estaban a punto de desesperación. El orgullo y la tristeza otra vez cegaban la realidad de la situación, y el padre sentía que su única opción era vender a Cecilia como esclava esperando poder remediar el destino de su tercera y última hija.

Aunque sabían por cierto que Dios les había contestado sus oraciones una vez, las circunstancias les causaban dudar que Él lo hiciera de nuevo. Un segundo rescate ahora era más de lo que ellos podían esperaran o imaginarse.

Sin embargo, sabiendo la situación más íntimamente ahora, Nicolás sabía que Dios le estaba pidiendo que intercediera de nuevo. Habían pasado dos años desde el primer rescate, pero en todo ese tiempo la familia no se daba idea ni había descubierto que él era el que les había entregado el regalo de Dios.

Mientras el tiempo se aproximaba en decidir qué hacer esta vez, Nicolás sabía que la hora había llegado de actuar de nuevo. Y para dejar saber claramente que su regalo tendría que ser usado primeramente y principalmente para la dote de Cecilia y después para cualquiera otra necesidad que la familia tuviera, él esperó actuar hasta la noche antes que la joven sería vendida a la esclavitud.

Una vez más, esperando a ser escondido por la oscuridad de la noche, Nicolás se acercó a la casa. Cecilia y Ana María se habían acostado temprano esa noche en obediencia a las ordenes de su padre, el cual les había dicho que no esperaran similar milagro como el que había sucedido con Sofía. Pero de alguna manera, en la profundidad de su desesperación, el padre aún tenía un poco de esperanza en su corazón—un deseo tal vez, más que otra cosa—que una persona realmente los estaba cuidando y que sus oraciones tal vez se contestarían. Con esa esperanza, decidió quedarse despierto y cerca de la ventana en caso que un ángel apareciera —fuera terrenal o celestial.

Nicolás tenía la impresión que eso sucedería, y también sabía que el padre de Cecilia rechazaría el regalo si supiera que Nicolás era el que lo daba. Pero también esperaba que el corazón orgulloso del padre, se hubiera emblandecido suficientemente para aceptar el regalo aunque fuera descubierto.

Al ver que la casa estaba perfectamente tranquila, Nicolás se arrodilló delante de la ventana abierta. Tiró la segunda bolsa de oro en el cuarto.

La bolsa apenas había tocado el piso cuando el padre de las muchachas corrió hacia la ventana por donde había venido, y alcanzó a Nicolás al tratar de escaparse. Del modo que el padre de las muchachas lo persiguió, uno hubiera pensado que Nicolás se había *llevado* una bolsa de oro en vez de haber dejado una.

Temiendo que todos sus esfuerzos fueran en vano, el corazón de Nicolás se tranquilizó al ver que el hombre no lo regañaba pero le daba las gracias sin apenas ver a quien había agarrado.

"Por favor, escúcheme," le dijo el padre. "Solo quiero darle las gracias. Usted ha hecho tanto por mí y mi familia que yo no imaginaba recibir otro regalo. Pero su generosidad me ha abierto los ojos al vano orgullo en mi corazón—un orgullo que casi me ha costado la vida de dos hijas."

El padre de de las muchachas habló sin aliento y rápidamente para asegurar que el desconocido lo escuchara antes de tratar de escaparse otra vez. Pero cuando alzó los ojos para ver con quien hablaba—Nicolás, el obispo—el asombro en la cara del padre fue evidente. ¿Cómo podía un clérigo tener suficientes recursos para dar un regalo como este?

Como respuesta a la pregunta que en realidad no se había preguntado en alta voz, Nicolás respondió, "Sí, fui yo el que le entregué este regalo. Pero fue Dios quien me lo dio para que se lo diera a usted. No es de la parroquia y no es caridad mía. Vino de mi padre que lo ganó honestamente con su propio sudor. Él era un negociante como usted. Y si estuviera vivo hoy día, hubiera querido dárselo él mismo, estoy seguro de eso. Él, más que cualquiera otra persona, sabía lo difícil que era tener un negocio, igual que usted lo sabe. Él también amaba a su familia igual que usted ama la suya."

Nicolás dejó de hablar para que sus palabras penetraran el corazón del padre antes de continuar. "Pero por favor, por mí y por Dios, quiero que usted sepa que fue Dios mismo que contestó sus oraciones—porque Él lo ha hecho—yo sólo soy un mensajero de Él, un enviado, una herramienta en Sus manos, dejando que Él haga por medio de mi lo que yo sé que Él quiere hacer. Por mi parte, yo prefiero dar caridad en secreto sin que la mano derecha sepa lo que la izquierda está haciendo."

La mirada en la cara de Nicolás era tan sincera y daba su intención con todo amor y devoción a Quien él servía, que el padre de las muchachas solo pudo aceptar el regalo de

Nicolás como si verdaderamente había venido de la mano de Dios mismo.

Pero al despedirse, las muchachas y el padre apenas podían contener su gratitud porque Nicolás también se había dejado usar por Dios de manera tan admirable.

Por todo lo que Nicolás trataba de intentar que la alabanza fuera solo a Dios, también sabía que él *tenía* un papel que desempeñar en sus vidas. Aunque Dios instigue a muchos a ser generosos de corazón, no todos responden a ese inicio como Nicolás lo hacía.

Nicolás esperaría ver cómo le iba a la familia los próximos años para ver si necesitaba alguna ayuda para Ana María también.

Pero Nicolás no tuvo esa oportunidad. El nuevo emperador por fin había tomado el poder, y la vía de la vida de Nicolás estaba a punto de cambiar de nuevo. Aunque Nicolás a menudo rescataba a otros, había veces, como le había pasado al mismo Señor que él seguía, que le parecía que no podía rescatarse a sí mismo.

PARTE 5

Capítulo 25

Cuando Jesús nació, hubo un rey que se sentó tan amenazado por este niñito que dio la orden de matar en Belén y su vecindad a todos los niños de dos años y menores. Trescientos tres años después, otro rey se sentía igualmente amenazado por Jesús y sus seguidores.

El nombre del nuevo rey era Diocleciano, y él era el emperador de todo el imperio romano. Aunque los romanos habían matado a Jesús cientos de años antes, Diocleciano aún se sentía amenazado por los cristianos fieles a Jesús. Diocleciano mismo se había declarado dios y él quería que todos en el imperio lo adoraran.

Aunque los cristianos eran algunos de los mejores cumplidores de las leyes del imperio, ellos no podían someterse a adorar a Diocleciano. El emperador consideraba eso una insurrección, un acto que se tenía que detener en la forma más severa. Al llegar Diocleciano al supremo poder, emitió una serie de edictos para quemar todas las Biblias, destruir todas las parroquias cristianas, y encarcelar, torturar, y matar a todos los que seguían a Cristo.

Aunque la persecución de cristianos ya ocurría por muchos años bajo el poder del imperio romano, ninguna de esas persecuciones se comparaba con la que ocurrió bajo el reino de Diocleciano. Personalmente, Nicolás no le temía a Diocleciano, pero como siempre, el temía lo que le podía pasar a los cristianos de su parroquia.

Teniendo un papel tan evidente en la parroquia, Nicolás sabía que lo centrarían a él primero, y si lo eliminaran, temía lo que le sucedería a los que él había dejado. Pero Nicolás ya había decidido que hacer. Sabía que si aunque lo mataran, podía confiar que Dios llevaría a cabo su intención en la tierra fuera o no fuera Nicolás parte de ella. Era la fe fundamental que él tenía y su confianza en Dios y Su propósito que lo ayudarían a mantenerse firme en los difíciles años por delante.

En vez de esconderse para evitar el cierto destino que lo esperaba, Nicolás decidió defender su posición. Juró que mantendría las puertas de la parroquia abierta de par en par invitando a todos los que querían entrar. Y cumplió su promesa por lo tanto que pudo hasta el día en que los que entraron fueron soldados—soldados que venían a buscarlo.

CAPÍTULO 26

Nicolás ya estaba listo cuando los soldados llegaron. Sabía que ya no tendría que pensar más en la decisión que había hecho de dejar las puertas de la parroquia abiertas. Desafortunadamente, también habían terminado los días de su parroquia, ya que los soldados cerraron las puertas para siempre.

Con toda la buena voluntad que Nicolás había creado con la gente del pueblo en sus años en Mira, y hasta con los soldados de allí, estos no eran soldados locales que habían venido por él. Diocleciano los había enviado con la petición que sus ordenes fueran llevadas a cabo sin pregunta alguna, y que aquellos que no las llevaban a cabo sufrirían el mismo fin que los castigados.

Los soldados le dieron a Nicolás una oportunidad más de rechazar su fe en Cristo y de adorar a Diocleciano en vez, pero Nicolás, por supuesto, la rechazó. No era que él quería desobedecer la autoridad de Roma, porque sabía bien que fue el mismo Cristo que les enseño a sus discípulos la importancia de honrar a aquellos en autoridad y honrar las leyes. Pero, rechazar que Jesús era Señor y Salvador sería como rechazar que el sol había salido esa mañana. Él simplemente no podía hacer eso. ¿Cómo podía rechazar la existencia de Él que le había dado vida, que le había dado fe y que le había dado esperanza en las horas más oscura de su vida? Si los soldados tenían que llevárselo, entonces bien. Decir que un humano como Diocleciano era Dios, y que Jesús era cualquier cosa menos que Dios, era inconcebible.

Nicolás sabía que era apropiado sentir ese temor ya que había sido dado por Dios para deshacerse de peligro y para protegerlo de cualquiera cosa que dañaría su cuerpo. Pero ahora mismo, al ser brutalmente arrastrado, Nicolás deseaba eliminar esos temores.

"Dios mío, ayúdame," dijo mientras que las cadenas con que los soldados lo amarraban se hundían en sus muñecas. Este era el principio de un nuevo peregrinaje para Nicolás—un peregrinaje que duraría más que sus años en la Tierra Santa.

Era difícil comparar los dos peregrinajes en la forma del impacto que causaron en su vida. Pues, ¿Cómo se podría comparar un viaje hecho por voluntad propia—uno en el que se puede ir y venir por cuenta propia y se puede regresar en cualquier instante—con uno que es forzado sin voluntad propia—uno que hasta el salir afuera para ver el sol estaba bajo el control de otra persona y no propio?

Pero aún Nicolás se dio cuenta de poder sentir la presencia de Dios de modo parecido, y hasta superado, a todo lo que había sentido en la Tierra Santa. Como había aprendido de otros creyentes, a veces uno no se da cuenta que lo único que se necesita es Jesús hasta que Jesús es lo único que tiene.

Durante el tiempo de su encarcelamiento, cada vez que se abría la puerta de la celda, Nicolás no sabía si los guardias habían venido para liberarlo o para condenarlo a muerte. No sabía si el día que despertaba iba a ser el último. Pero, el resultado de esa inseguridad fue que Nicolás llegó a darse cuenta de lo breve que es la vida, igual que del continuo conocimiento de la presencia de Dios.

Nicolás supo que al cerrar los ojos podía sentir la presencia de Dios como nunca antes la había presenciado. Su celda no era una cárcel—era un santuario. Y lo único que Nicolás quería hacer era mantenerse en la presencia de Dios lo más posible. Después de un tiempo Nicolás no tenían ni que cerrar los ojos. Sencillamente sabía que siempre estaba en la presencia de Dios.

Ciertamente, sus días en la cárcel también estaban repletos del dolor más agudo que se podía sentir en un infierno terrenal. Los soldados constantemente lo azotaban con interrogaciones para que renunciara su fe. El dolor que le producían variaba entre pincharlo con tenazas calientes y darle una severa paliza y al fin echarle sal y vinagre en las heridas. Como resultado ya Nicolás tenía la espalda llena de cicatrices permanentes. La falta de higiene en la cárcel le causaba enfermedades que nunca había tenido antes. A veces hasta pensaba que morir sería mejor que el sufrimiento que sentía allí.

Fue durante uno de esos momentos, tal vez el más oscuro de los cinco años que había pasado en la cárcel hasta ese momento, que la puerta de su celda se abrió. Una luz entró en ella, pero al examinarla más detalladamente, vio que no era la luz del sol, ya que sabía aún dentro de la aislada celda que era la media noche.

La luz que entraba en la celda era la de una sonrisa, una sonrisa en la cara del joven amigo de Nicolás, ahora ya hecho un hombre. Era la luz en la cara alegre de Demetrio.

CAPÍTULO 27

Durante su tiempo en la cárcel, Nicolás había visto pocas caras y menos aún una que le diera ánimo. Al ver una sonrisa en la cara de alguien, y más en una cara que Nicolás amaba tanto, lo lleno de verdadero gozo.

A Demetrio no le había sido fácil encontrar a Nicolás. Demetrio había venido a Mira sabiendo que él había tomado un puesto en la parroquia de la ciudad. Pero habían pasado muchos años desde que él había sabido de su viejo amigo, tiempo que Demetrio también había pasado en la cárcel. Al ser liberado recientemente, Demetrio navegó por el Gran Mar en busca de Nicolás. Demetrio tuvo que investigar mucho para encontrar a Nicolás, pero había viajado demasiado para rendirse sin ver a su viejo amigo y consejero, la primera persona que le había hablado del amor de Cristo.

Usando los conocimientos de la calle que
había aprendido como guía en la Tierra Santa,
Demetrio pudo desenvolverse a través y
alrededor de casi todo el mundo y todas las
cosa que trataban de impedirlo. El empeño
que él tenía, más la mano de Dios que guía,
ayudaron a Demetrio a encontrar a su amigo y
a encontrar esta puerta que él abrió esa noche
para gozar de esta visita tan especial. Fue la
visita que a Nicolás le parecía como la visita
de un ángel celestial.

Después de cerrar la puerta detrás de ellos,
y después de un fuerte abrazo, Demetrio se
sentó en el suelo al lado de Nicolás. Se
sentaron en silencio por varios minutos,
ninguno de ellos tenía la necesidad de decir
nada. En momentos santos como estos, no se
necesitaban las palabras.

La oscuridad en la pequeña celda era tan
intensa que ellos no atentaron de mirarse,
pero sólo se sentaron allí lado a lado. Los
ojos de Demetrio aún no se habían
acostumbrado a la oscuridad total
suficientemente para poder ver nada de todos
modos, y Nicolás estaba contento solo en
saber que su amigo estaba ahí a su lado.
Nicolás podía oír el sonido de la respiración

de Demetrio, un sonido que aumentaba su gozo al saber que su amigo aún estaba vivo y estaba con él en carne y hueso.

Nicolás respiró profundamente de nuevo y con el acto se le infundió un nuevo sentido de vida. Era un hálito de vida que su amigo no podía haber dejado de traer con él.

CAPÍTULO 28

"¿Qué me dices de tus jóvenes guardaespaldas?" por fin Nicolás le preguntó, refiriéndose a Samuel y Rut. A menudo Nicolás oraba por los tres jóvenes porque los quería como si fueran sus propios hermanos menores.

Demetrio vaciló un momento. Miro a Nicolás pero no pudo decir ni una palabra. Estaba ansioso de contarle todo lo que había pasado en los últimos años—como Samuel y Rut seguían llevando a los peregrinos a los sitios sagrados, compartiendo con ellos las mismas buenas nuevas de Jesús que habían aprendido durante sus años con Nicolás.

Como Demetrio, Samuel y Rut tuvieron que dejar de guiar a los peregrinos cuando llegó la "Gran Persecución", como la llamaban ahora. Los tres empezaron a pasar casi todo su tiempo cuidando de las necesidades de otros creyentes en Jerusalén, creyentes que se enfrentaban con encarcelamiento y muerte, igual que Nicolás. Como no estaban en posición destacada como Nicolás, ellos habían evitado detención mucho después que Nicolás. Pero finalmente fueron encarcelados, y repetidamente interrogados, azotados y torturados por la fe.

Samuel y Demetrio eran suficientemente fuertes para resistir el abuso, pero Rut era muy frágil. Un día después de someterla a abusos insuperables, regresó a ellos y se desplomó. Aunque obviamente había estado llorando a cause del dolor que sentía en el cuerpo, de algún modo también continuaba con una sonrisa en el corazón.

"¿Cómo es que lo haces?" le preguntó Samuel. "¿Cómo es posible que sonríes todavía después de todo eso?

Rut respondió, "Siento que he estado caminando y hablando con Jesús por tanto tiempo que ni la muerte en realidad cambiaría nada de eso. Simplemente continuaría caminando y hablando con Él para siempre."

Rut sonrió de nuevo y Demetrio solo pudo devolverle la sonrisa. Pero su cuerpo se estaba dando por vencido y ella lo sabía.

Sentía que sólo estaba al instante al pasar de esta vida a la próxima.

"¡No te puedes ir?" le dijo Samuel. "¡Tienes que quedarte aquí conmigo! Aún hay mucho que tenemos que hacer!" Pero la vida de Rut se deslizaba.

"!Si te mueres, oraré que Dios te resucite!" Samuel ya estaba desesperado queriendo mantenerla cerca de él. Pero Rut solo sonrió otra vez. Verdaderamente había encontrado el secreto de vivir la vida repleta, y nada, ni la muerte, le podía quitar eso.

Ella habló, más en silencio ahora, solo como un murmuro. "Ora que Dios me levante de la muerte, pero la verdad es que una vez ya fui levantada de la muerte, cuando conocimos a Nicolás, y él nos introdujo a Jesús, fui levantada de la muerte, y una vida nueva y repleta se me ha dado. De ahí en adelante, supe que viviría para siempre."

Con eso, Rut pasó por la cortina entre la vida y la muerte y a la presencia del visible Dios. La sonrisa que adornaba su cara en vida continuaba brillando su cara en la muerte, y Demetrio sabía donde ella estaba. Simplemente, ella continuaba haciendo lo que siempre había hecho, caminando y hablando con Jesús, pero ahora lo hacía cara a cara.

Nicolás se sentó en silencio escuchándolo todo intensamente mientras Demetrio le contaba lo ocurrido. Por tanto que pensaba entristecerse, su corazón comenzó a alzarse en vez. Ciertamente, nada de esto le era nuevo, pero al oír de la fe de Rut, la suya se revivió de nuevo también.

Uno pensaría que un hombre como Nicolás no necesitaba que lo animaran en la fe. Él había ayudado a muchísimos a crecer en la fe, y, además, él era nada menos que un obispo. Pero Nicolás también sabía muy dentro de su corazón que era la gente como él que a veces necesitaba más ánimo en la fe. Gran fe, él sabía, no les viene a aquellos que no tienen dudas. Gran fe les viene a aquellos que han tenido que extender su fe para que creciera, si no se hubiera destrozado por completo. Al continuar confiando en Dios, sea lo que sea, Nicolás llegó a saber que uno podía derribar dudas en el camino oscuro que lo ayudaban a ascender aún más.

Tan triste como estaba por la muerte de Rut, Nicolás no pudo evitar una sonrisa de lo profundo de su corazón igual como Rut lo habría hecho el día que murió. Con gran alegría esperaba el día de poder ver a Jesús en persona, igual que Rut Lo veía ahora. Sin embargo, Nicolás amaba la obra que Dios le había dado que hacer en la tierra, también.

"No perdemos, ¿no es cierto?" dijo Nicolás con una sonrisa pensando en lo ocurrido. "O morimos y vamos al cielo a estar con Jesús, o vivimos y continuamos su obra aquí en el mundo. Con cualquier fin somos vencedores, ¿No es cierto? No importa el fin, ya somos vencedores."

"Sí, con cualquier fin somos vencedores," repitió Demetrio. "No importa el fin, ya somos vencedores."

Durante las próximas hora, Nicolás y Demetrio compartieron cuentos de lo que Dios había hecho en sus vidas durante los años de separación. Pero nada había podido prepara a Nicolás para lo que Demetrio le estaba a punto de decirle después. Parecía que Demetrio había conocido a una muchacha. Y no era una muchacha cualquiera. Ella se llamaba Ana María.

Capítulo 29

En su viaje en busca de Nicolás, Demetrio hablaba con cualquiera persona que supiera dónde encontrarlo. Al llegar a Mira, primero fue a la parroquia donde Nicolás servía como obispo. Al no encontrarlo allí, Demetrio empezó a caminar por las calles para ver si se encontraba con alguien que supiera algo de él. Y con quién fue que Demetrio se encontró si no con la misma muchacha—ahora ya hecha una mujer—que Nicolás había conocido hace muchos años, vendiendo flores entrelazadas a cualquiera persona que las comprara.

Ella ya no estaba vestida en el manto de la pobreza. Demetrio inmediatamente observó a la vez la belleza del interior y del exterior de la muchacha. Él estaba tan impresionado con ella que no podía dejar de conversar con ella. Y ella también parecía estar impresionada con él. A ella no le parecía ser capaz de que un hombre de su importancia y fe quería hablar con ella. Él era, ella pensaba, el hombre más bueno e impresionante que ella había conocido.

Cuando Demetrio le dijo el propósito de venir a Mira—de encontrar al obispo llamado Nicolás—Ana María se quedó boquiabierta. ¿Cómo podía saber este hombre, este extranjero del otro lado del Gran Mar nada de Nicolás? Demetrio compartió con ella su experiencia de cómo él había conocido a Nicolás y como Nicolás lo había rescatado de su pobreza de fe. Ana María solo podía compartir lo que Nicolás había hecho por su familia también, salvar a sus dos hermanas mayores de la esclavitud tirando una bolsa de oro por la ventana para cada una de ellas la víspera de cumplir los diez y ocho años.

Pero de pronto la sonrisa de Ana María desapareció. Ahora, solo en unos días, ella cumpliría los diez y ocho años, pero a Nicolás se lo habían llevado a la cárcel hace cinco años. Nadie ni lo había visto ni había sabido de él en todos esos años. Ni ella misma sabía donde él estaba. Aunque su padre ya no era el mismo hombre que antes, ya que no pensaba en vender a Ana María a la esclavitud, él aún no tenía la dote que ofrecerle a un pretendiente. Sin una dote, como Demetrio bien sabía, el destino de Ana María sería difícil. Y con Nicolás encarcelado, no había la oportunidad de que él pudiera rescatar a su familia esta tercera vez. Ana María de nuevo había empezado a vender sus flores en la calle, y aunque eran más impresionantes que las primeras, ella apenas podía ganar lo suficiente para ayudar a la familia de vez en cuando con los gastos de la comida.

Demetrio la escuchó, y como Nicolás antes de él, supo dentro de unos minutos lo que Dios quería que él hiciera. Él podía ser la respuesta a las oraciones de Ana María, y con mucho más que una dote. Pero sabiendo que esas cosas tomaban tiempo, él solo guardó esas ideas en su corazón. Le compró una flor a Ana María y le dio las gracias por decirle lo que ella sabía de Nicolás. Al despedirse de ella, le prometió que volvería a hablar con ella otra vez en el futuro si él localizaba a su querido amigo.

La víspera del cumpleaños de Ana María, Demetrio fue al mismo lugar donde Nicolás se había escondido ya dos veces muchos años antes, debajo de la ventana abierta de la casa de Ana María. La conversación adentro era adolecida. Ana María y su padre oraban sabiendo que no había posibilidad de que Nicolás regresara de nuevo. Entonces apagaron las luces y se acostaron.

Demetrio esperó por lo que le parecía ser varias horas, sabiendo que no podía despertarlos y arriesgar su plan. Pues, él había ahorrado lo suficiente en sus años de trabajo en la Tierra Santa para fácilmente llenar una bolsa con monedas de oro para cubrir la dote. Pero él no podía simplemente darles el dinero, pues él tenía otras ideas además de sólo darles la dote. ¡Él quería que el padre de Ana María se lo devolviera algún día, como un regalo matrimonial! Tal vez sería difícil y sabía que necesitaría más tiempo para estar seguro que ella era la que él realmente amaba. Él también sentía que esta era la mejor manera de que todo se realizara al fin, aunque ella no fuera la verdadera mujer para él. Algo le presenciaba, sin embargo, que ella lo era. Y con esa idea en mente, él hizo lo que tenía que hacer.

Cuidadosamente y sin hacer ruido alguno, él alzó la mano hasta la repisa de la ventana y dejo caer la bosa en silencio en el piso. Nadie lo oyó ni nadie se despertó. Después de hacer esa obra para Dios y para su propio corazón, de nuevo continuó buscando a Nicolás. Dos semanas después, Demetrio había encontrado a Nicolás, y ahora compartía con él como él había conocido a la mujer de sus sueños.

La noticia no podía haberle caído más dulcemente en los oídos de Nicolás. Y de nuevo su corazón se alivió y se elevó, porque aunque aún encarcelado y fuera del mundo en su celda, Nicolás podía observar el fruto de sus oraciones—que fueron contestadas increíblemente de modo inesperado. Él aún podía cambiar el mundo, hasta desde la prisión, mientras el mundo trataba de detenerlo.

Antes de irse esa noche, Demetrio abrazó a Nicolás otra vez; y entonces desapareció. Desapareció por las puertas de la cárcel tan milagrosamente come había entrado.

Pasarían cinco años más antes de que Nicolás viera a Demetrio de nuevo. Diocleciano continuaba tratando de desesperar a los cristianos. Pero durante los años que Nicolás aún estaba en la cárcel, su alma se sintió más libre que nunca antes. Nadie podía dejar que Nicolás alabara a Jesús, ni nadie podía dejar que Jesús hiciera lo que Él quería hacer.

Cuando el día por fin llegó que Nicolás fue liberado, el guardia que abrió la puerta de su celda lo miró y dijo, "Es hora de salir. Estás en libertad."

Nicolás solo miró al guardia con una sonrisa. Él ya había estado en libertad por un tiempo.

Capítulo 30

Pensando que Nicolás no lo había oído, el guardia habló de nuevo, "Dije que estás en libertad. Ya puedes levantarte y regresar a tu casa."

Al escuchar la palabra "casa", Nicolás se emocionó. Él no había visto su casa, ni su parroquia, ni había escuchado la voz de otra persona además de la de Demetrio, en casi diez años. Se levantó y sus movimientos se aceleraron comprendiendo por fin las palabras del guardia.

"¿A casa?" exclamó Nicolás.

"Sí, a casa. Ya puedes regresar a tu casa. El emperador ha proclamado libres a todos los cristianos."

El emperador a quien se refería era el nuevo emperador Constantino. Diocleciano había fallado en su deseo de constreñir a los cristianos. En vez de apagar su espíritu, Diocleciano lo había fortalecido. Como

Nicolás, aquellos que no habían muerto habían crecido en la fe. Y mientras más fuerte era su fe, más fuerte era su influencia, siendo testigos a los ciudadanos cristianizados en medio de ellos. Hasta la misma esposa de Diocleciano y su hija se habían convertido a la fe cristiana.

Diocleciano dejó de gobernar el imperio y Constantino subió al poder.

Constantino cambió la situación de perseguir a los cristiano firmando el Edicto de Milán. Este edicto daba nueva tolerancia a la gente de toda religión y resultó en libertad para los cristianos. Elena, la madre de Constantino, era cristiana. Aunque nadie sabía si Constantino lo era también, la nueva tolerancia que él demostró estableció la libertad de adoración a cualquier dios y de cualquier modo que preferían, como se debería haber hecho desde el principio.

Por tanto que Diocleciano había cambiado el mundo romano para lo peor, Constantino ahora lo estaba cambiando para lo mejor. Sus reinos eran tan diversos como el día y la noche y servían como testigo de cómo una persona verdaderamente podía cambiar el curso de la historia—para el bien o para el mal.

Nicolás se daba cuenta, ahora más que antes, de que él tenía solo una vida por delante. Pero también se daba cuenta de que si la vivía correctamente, una vida era sólo lo que el necesitaba. Decidió en su corazón otra vez hacer todo lo posible para aprovechar al máximo todos los días, empezando de nuevo con el presente.

Mientras lo sacaban de su celda en la cárcel y lo llevaban a la ciudad de Mira, él pensó que no era coincidencia que la primera cara que vio fue la de Ana María.

La reconoció al momento. Pero por causa de los diez años en la cárcel, y lo mucho que se le había gastado la vida allí, a Ana María le fue difícil reconocerlo al instante. Pero tan pronto como vio su sonrisa, se dio cuenta enseguida que era la sonrisa de su viejo amigo Nicolás. ¡Claro que era Nicolás! Y estaba vivo y delante de ella.

Ella estaba tan sorprendida que no podía ni moverse. Dos niños estaban a su lado, mirando a su madre, y después al hombre a quién ella ahora miraba. Aquí estaba el hombre que había ayudado tanto a su familia y a ella. No podía contener el gozo. Volviendo la cabeza Ana María gritó. "Demetrio! ¡Demetrio ¡Ven pronto! ¡Es Nicolás!

De pronto ella empezó a correr hacia Nicolás, abrazándolo fuertemente. Demetrio salió de una tienda detrás de ellos, les echó una mirada a Nicolás y a Ana María y también empezó a correr hacia ellos, cargando a sus hijos mientras corría.

Ahora toda la familia abrazaba a Nicolás como si fuera un hermano o un padre o un tío que acaba de venir de la guerra. Las lágrimas y las sonrisas en sus caras se volvían una. El hombre que había salvado a Ana María y a su familia de un destino peor que la muerte había sido salvado de la muerte también. Y Demetrio sonreía, también, de ver a su buen amigo, y de ver lo contento que Nicolás estaba de verlo a él y a Ana María juntos con su nueva familia.

Nicolás tomó la cara de cada uno de ellos en sus manos—una a la vez—y miró profundamente en sus ojos. Entonces abrazó a cada uno de los niños. La semilla que él había sembrado años antes en las vidas de Demetrio y Ana María aún daban fruto, fruto que él ahora podía ver con sus propios ojos. Todo el esfuerzo que había puesto valía la pena, y nada menos que las sonrisas en sus caras eran claramente muestras de eso.

Por los próximos días y semanas, Nicolás y todos los creyentes liberados habían tenidos semejantes experiencias por toda Mira. Esos días eran como una larga y continua reunión de amigos y familias.

Nicolás, así como los otros que habían sobrevivido la Gran Persecución, seguramente le parecía a la gente de Mira ser como Lázaro en Betania cuando Jesús lo mandó a salir de la tumba—un hombre que había muerto, pero ahora estaba vivo. Y como Lázaro, estos cristianos no estaban solamente vivos, pero ellos traían mucha gente a fe en Cristo también, ya que su fe estaba viva de un modo nuevo. Lo que Diocleciano pensaba hacer para el mal, Dios pudo transformarlo para el bien. Estos embajadores de la fe habían surgido con una fe que era más fuerte que nunca antes.

Nicolás sabía que este nuevo nivel de fe, como todos los buenos dones de Dios, se les había dado por algún propósito, también. Por lo difíciles que habían sido las pruebas que él había enfrentado hasta ese momento, Dios lo estaba preparando para una aún más difícil.

PARTE 6

Capítulo 31

"¿Y tú todavía no se lo has mencionado en todos estos años?" Nicolás le preguntó a Demetrio. Habían pasado doce años desde que Nicolás había salido de la cárcel, y ellos hablaban de la bolsa de oro que Demetrio había tirado por la ventana abierta de Ana María cinco años antes de salir de la carcel.

"Ella nunca me lo ha preguntado," dijo Demetrio. "Además, si se lo hubiera dicho no lo habría creído. Está convencida que *usted* fue quien lo hizo."

"¿Pero cómo pude ser yo cuando ella sabía que yo estaba encarcelado?" Era una conversación que ellos habían tenido antes, pero a Nicolás le parecía sorprendente. Demetrio insistía en mantener en secreto el acto de caridad, igual como Nicolás lo había hecho cada vez que era posible.

"Además," añadió Demetrio, "Ella tiene

razón. Verdaderamente fue usted el que me inspiró a darle ese regalo, ya que usted le había dado a su familia dos bolsas de oro de la misma forma que yo lo hice. Así que, en cierto sentido, vino de usted."

Nicolás tuvo que admitir la lógica de Demetrio. "Pero no comenzó conmigo tampoco, fue Cristo el que me inspiró."

Y con eso, Demetrio admitió y dijo, "Y fue Cristo el que me inspiró a mí también. Créame usted, Ana María cree eso más que cualquiera otra persona. Su fe es más firme que nunca antes. Desde que lo conoció a usted, ella sigue dándole gracias a Dios por todo."

Y con eso Nicolás estaba satisfecho, por tanto que Dios recibiera las gracias al fin. Como Nicolás le había enseñado a Demetrio muchos años antes, no hay nada que tenemos que no haya provenido de Dios primero.

Y cambiando el tema, Nicolás le preguntó, "¿Estás seguro que a ella no le va a importar que tú estés lejos por tres meses? Todavía podría encontrar a otra persona que me acompañe."

"Ella está completa y totalmente contenta en que yo vaya con usted," Demetrio le dijo.

"Ella sabe lo importante que esto es para usted, y también sabe lo que significa para mí también. Yo no quiero perdérmelo."

Ellos hablaban de las preparaciones para asistir al Concilio de Nicea ese verano. Nicolás había sido invitado por petición especial del emperador, y a cada obispo se le permitía traer un asistente personal. Tan pronto como Nicolás recibió la invitación, le pidió a Demetrio que fuera con él.

El concilio sería un evento magnífico. Al abrir la invitación para asistir, Nicolás no pudo creerlo. Tanto había cambiado en el mundo desde su encarcelamiento doce años antes.

Aún, ahí lo tenía, petición del emperador romano para presentarse delante de él al empezar la temporada de pascua. La única petición que un obispo habría recibido bajo Diocleciano habría sido la invitación a una ejecución pública—la propia. Pero bajo el gobierno de Constantino, la vida del cristiano había cambiado radicalmente.

Constantino no sólo había firmado el mandato que daba plena tolerancia a los cristianos, el cual resultó en liberar a todos ellos encarcelados, pero también había

empezado a devolverles sus propiedades—
propiedades que habían sido arrebatadas bajo
el emperador anterior. Constantino también
había empezado a financiar el arreglo de las
parroquias que habían sido destruidas por
Diocleciano. Era el principio de un nuevo
aliento de gracia para los cristianos, después
de la intensa persecución que habían sufrido.

Como otra señal del apoyo de Constantino
a los cristianos, él había convocado una
conferencia de los más influyentes obispos del
imperio. Constantino quería llevar a cabo dos
propósitos con la conferencia: unificar la
iglesia dentro del imperio anteriormente
dividido, y a la vez no perder la esperanza de
unir a todo el país. Como el gobernante del
pueblo, Constantino afirmaba su
responsabilidad de ofrecerle bienestar
espiritual a los ciudadanos. Y por eso, había
jurado asistir, y él mismo presidir en este
concilio histórico. Tomaría lugar en la ciudad
de Nicea, comenzando en la primavera de ese
año y continuando por varios meses hasta
llegar el verano.

Cuando Nicolás recibió la invitación,
enseguida le dio gracias a Dios por los
cambios que ocurrían en su mundo. Mientras

la Gran Persecución había fortalecido la fe de los que la habían sobrevivido, esa misma persecución había arruinado las destrezas de muchos más, limitando la habilidad de enseñar, predicar y evangelizar a otros cerca de ellos con el mensaje de Cristo que es capaz de cambiar las vidas.

Ahora esos obstáculos habían sido eliminados—con el apoyo y consentimiento del emperador mismo. El único obstáculo que existía estaba dentro de los corazones y mentes de aquellos que oirían las buenas nuevas, y que tendrían que decidir por sí mismos que hacer con el mensaje.

La influencia y respeto de Nicolás había aumentado en Mira y también por las regiones cercanas. Su gran riqueza hacía tiempo que se había agotado, ya que la había dado casi toda al ver venir la Gran Persecución, y lo que quedaba de ella había sido descubierta y saqueada mientras estaba encarcelado. Pero por todo lo material que había perdido, él lo había recibido de nuevo en influencia, pues su corazón y su vida aún estaban dirigidos hacia la caridad—sin importarle lo que tenía o no tenía. Después de gastarse dando tanto a la gente a su alrededor, él fue naturalmente uno de los escogidos para asistir al concilio anticipado. Llegaría a ser uno de los eventos más monumentales de la historia, y no hace falta decir uno de los eventos más monumentales de la propia vida de Nicolás— pero no necesariamente por razones que él quisiera recordar.

CAPÍTULO 32

Aunque los cristianos gozaban una nueva libertad bajo Constantino, el futuro del Cristianismo aún estaba en ciertos peligros. Las amenazas ya no venían por fuera de la iglesia, pero por dentro. Facciones habían empezado a sumergir dentro de la iglesia que crecía, con intensas discusiones sobre varios temas teológicos que tenían consecuencias muy prácticas.

Particularmente, un grupo pequeño pero muy elocuente, dirigido por Arrio, había empezado a llamar la atención de la gente preguntando si Jesús realmente era divino o no.

¿Fue Jesús solo un hombre? ¿O fue Él, verdaderamente, uno con Dios en su propia naturaleza? Para hombres como Nicolás y Demetrio, la pregunta era indiscutible, ya que ellos habían dedicado toda su vida siguiendo a Jesús como su Señor. Ellos lo habían dejado todo atrás para seguirlo a Él en palabra y en acciones. Él era su Señor, su Salvador, su Luz y su Esperanza. Como muchos que asistirían al concilio, no eran sus mantos ni sus vestuarios exteriores que eran testigos de su fe en Cristo, pero las cicatrices y heridas que llevaban en el cuerpo al sufrir por Él. Ellos habían arriesgado su vida bajo amenaza de muerte por adorar al divino Cristo y no al emperador Diocleciano. En su pensar no había pregunta alguna sobre este tema. Pero aún había otros que sentían que esta era una pregunta que se debía discutir.

En el entusiasmo de Arrio de ver a la gente adorar sólo a Dios, él no podía imaginar que un hombre, ni uno tan bueno como Jesús, pudiera declararse uno con Dios sin blasfemar el nombre del mismo Dios. En este sentido, Arrio no era diferente a aquellos que habían perseguido a Jesús cuando aún vivía. Hasta algunos que habían vivido entonces y habían sido testigos de sus milagros con sus propios ojos, y habían oído las palabras de Jesús con sus propios oídos, no podían entender que era posible que Jesús decía la verdad cuando dijo, "El Padre y yo somos uno." Y por eso, llevaron a Jesús a Herodes, y después a Pilato, para crucificarlo.

De niño Nicolás también había pensado en esa afirmación de Jesús. Pero cuando Nicolás estuvo en Belén, por fin lo entendió todo perfectamente—que Dios mismos vino del cielo a la tierra como hombre humano para sufrir los pecados del mundo una vez por todas como Dios en cuerpo humano.

Arrio, sin embargo, era como el Apóstol Pablo rumbo a Damasco antes de conocer a Jesús. Antes de la experiencia que cambió su vida, el Apóstol Pablo quería proteger lo que él sentía que era la santidad de Dios persiguiendo a todos los que admitían adorar a Jesús como Dios. Porque, según Pablo pensaba antes, nadie podía considerarse uno con Dios.

Como Arrio, Pablo no podía creer la afirmación de Jesús y sus seguidores. Pero en ruta a Damasco, mientras en su entusiasmo él iba a buscar y matar a los cristianos, Pablo se encontró con Cristo, el Hijo del Dios viviente, en una visión que lo dejó ciego físicamente, pero que lo despertó espiritualmente a la Verdad. En los días siguientes, los ojos físicos de Pablo se curaron y él se arrepintió de sus vanos esfuerzos. Él fue bautizado en el nombre de Jesús y empezó a predicar de ese momento que Jesús no había sido solamente un hombre, pero que su afirmación de ser uno con el Padre era completamente cierta. Pablo dio su vida en adoración y servicio a Cristo, y tuvo que soportar, como Nicolás había soportado, prisión y toda amenaza de muerte por su fe.

Arrio, se parecía más a los gobernantes religiosos del tiempo de Jesús los cuales, en su entusiasmo por defender a Dios, actualmente crucificaron al Señor de toda creación. Arrio se sentía justificado en su esmero en conseguir el apoyo de los obispos a su punto de vista.

Ni Nicolás ni Demetrio pensaban que las ideas Arrio podrían obtener mucho apoyo. Pero pronto verían que el carácter carismático de Arrio y su elocuente modo de expresarse podían prevalecer sobre varios de los obispos que aún no habían pensado mucho en esa teología ni en las consecuencias.

Sin embargo, Nicolás y Demetrio, como el Apóstol Pablo, el Apóstol Juan y miles de otros desde la época cuando Jesús vivió y murió y resucitó de la muerte de nuevo, habían descubierto que Jesús era, agradecida y sobrenaturalmente, totalmente hombre y totalmente divino a la vez.

¿Pero cuál sería la conclusión de los otros obispos? Y ¿qué verdad teológica enseñarían a otros por todas las generaciones por venir? Esas llegarían a ser las preguntas fundamentales que se decidirían en esa conferencia en Nicea. Aunque Nicolás estaba interesado en esa discusión, no tenía idea alguna que él tendría un papel principal en el resultado.

CAPÍTULO 33

Después de una gran procesión de obispos y clérigos, un coro de monaguillos y unas palabras iniciales del Emperador Constantino, uno de los primeros temas de discusión fue el que propuso Arrio—si Cristo era o no era divino.

Arrio presentó sus argumentos iniciales con gran elocuencia y gran convicción delante de Constantino y el resto de la asamblea. Jesús era, él indicó, tal vez el principal de todos los seres creados. Pero ser igual a Dios, uno en sustancia y naturaleza con Él, era imposible—por lo menos según Arrio. "Nadie podía ser uno con Dios," el dijo.

Nicolás escuchaba en silencio, junto con los otros obispos en el inmenso salón. El respeto para el orador, especialmente en la presencia del emperador, tenía prioridad sobre todo tipo de murmurar o distracción que a veces acompañaban conferencias de ese tipo, especialmente cuando era sobre un tema tan penetrante. Pero mientras más hablaba Arrio, más difícil le era a Nicolás quedarse sentado en silencio.

Después de todo, los padres de Nicolás habían dado su vida en honor de servir a Cristo, su Señor. Nicolás mismo había estado agobiado con la presencia de Dios en Belén, en el mismo lugar donde Dios apareció por primera vez como hombre en carne humana. Demetrio, Samuel y Rut habían sido semejantemente conmovidos con la visita a Belén. Habían subido la colina en Jerusalén donde el Rey de reyes había sido crucificado por los gobernantes religiosos—gobernantes que, como Arrio, dudaban la afirmación que de Jesús era uno con Dios.

Nicolás siempre había sabido que Jesús era diferente a otros hombres que vivieron. Y después de Jesús morir, él había resucitado de la muerte, se le había aparecido a los doce discípulos y entonces se les apareció a más de quinientos otros habitantes de Jerusalén en esos tiempos. ¿Qué clase de hombre era ese? ¿Fue cómo una alucinación de masas? ¿Fue solo un deseo de los admiradores religiosos? Pero estos hombres no eran solo admiradores, ellos eran seguidores de Él dispuestos a dar sus vidas, también, por su Señor y Salvador.

Nicolás no podía dejar de pensar en los argumentos. ¿No había anunciado ya el profeta Miqueas, cientos de años antes de nacer Jesús, que los orígenes del Mesías "se remontan hasta la antigüedad, hasta tiempos inmemoriales?" ¿No había dicho el apóstol Juan que Jesús "estaba con Dios en el principio," añadiendo que Jesús "era Dios?"

Como otros habían tratado de sugerir, Arrio dijo que Jesús nunca había afirmado que él era Dios. Pero Nicolás conocía las Escrituras suficientemente bien y sabía que Jesús había dicho, "El Padre y yo somos uno. El que me ha visto a mí, ha visto al Padre. ¿Acaso no crees que yo estoy en el Padre y el Padre está en mí?"

Hasta los mismos enemigos de Jesús en los años que Él vivía dijeron que la razón que ellos querían apedrear a Jesús era porque Jesús afirmaba ser Dios. Las Escrituras decían que estos enemigos rodearon a Jesús un día y Él les dijo, "Yo les he mostrado muchas obras irreprochables que proceden del Padre. ¿Por cuál de ellas me quieren apedrear?"

Ellos respondieron, "No te apedreamos

por ninguna de ellas sino por blasfemia: porque tú, siendo hombre, te haces pasar por Dios."

Jesús ciertamente afirmaba que Él era Dios, una afirmación que lo había puesto en dificultades. Su afirmación mostraba que Él era un loco o un mentiroso—o que Él decía la verdad.

Nicolás tenía la mente llena de referencias de las Escrituras como estas, así como de memorias de los años que había pasado encarcelado—años que él nunca tendría de nuevo—todo por no estar dispuesto a adorar a Diocleciano como un dios, pero estaba preparado a adorar a Jesús como Dios. ¿Cómo podía quedar callado y dejar que Arrio siguiera hablando así? ¿Cómo es que los representantes en el salón podían quedarse en silencio? A Nicolás no le cabía en la mente.

"Él no tenía nada divino," Arrio dijo con plena convicción. "Él fue solo un hombre como cada uno de nosotros."

Sin aviso, y sin ningún otro momento para pensar en lo que iba a hacer, Nicolás se puso de pie. Y luego sus pies, como si tuvieran su propia disposición, se pusieron en camino preciso y fijo por el inmenso salón hacia

Arrio. Arrio continuó hablando hasta que por fin Nicolás se detuvo delante de él.

Arrio dejó de hablar. Esta violación de formalidad no se había visto antes.

En el silencio siguiente, Nicolás le dio la espalda a Arrio y se quitó el manto que tenía en la espalda, enseñándoles a todos las horribles cicatrices de las heridas que sufrió en la prisión. Nicolás dijo, "No adquirí éstas por "solo un hombre.""

Dando una vuelta hacia Arrio y enfrentándose a él otra vez, Nicolás se fijo en la sonrisa condescendiente en la cara del Arrio. Arrio dijo, "Pues, parece que has hecho un error." Entonces Arrio comenzó su discurso de nuevo como si nada hubiera pasado.

Entonces fue cuando Nicolás hizo lo inesperado. Sin otra idea que solamente detener que este hombre hablara mal de su Señor y Salvador, y en plena vista del emperador y de todos los delegados, Nicolás apretó el puño. Echo el brazo atrás y le dio a Arrio un puñetazo fuerte en la cara.

Arrio tropezó y cayó hacia atrás, tal como por la fuerza del golpetazo como el asombro de lo ocurrido. Nicolás también se quedó

pasmado—así como todos los delegados en el
salón. Con los mismos precisos y fijos pasos
que lo habían llevado delante de la asamblea,
Nicolás ahora caminó hacia su butaca y se
sentó.

Todos en el salón se habían quedado
boquiabiertos cuando Nicolás le pegó a Arrio,
y a continuación surgió la explosión de un
alboroto cuando Nicolás volvió a sentarse en
su butaca. El alboroto amenazaba echar todo
el proceso del concilio en desorden. La
mayoría de los delegados en el salón estaban a
punto de ponerse de pie para aplaudir el acto
de Nicolás por su audacia—incluyendo, por
su mirada, el mismo emperador. Pero para los
otros, y Arrio siendo el principal de ellos, ni
palabras ni muestra de emoción podían
expresar la indignación. Todos sabían el delito
horrible que Nicolás había cometido. En
hecho, usar cualquier tipo de violencia delante
del emperador se consideraba un acto ilegal.
El castigo por el acto era inmediatamente
cortarle la mano de la persona que había
golpeado a la otra en la presencia del
emperador.

Constantino sabía la ley, claro, pero
también conocía a Nicolás. Hasta una vez

había tenido un sueño en el cual Nicolás lo advertía de conceder freno a cámara de muerte a tres hombres en la corte del emperador—advertencia que Constantino obedeció y realizó en la vida real. Cuando Constantino compartió el sueño con uno de sus generales, el general le contó al emperador lo que Nicolás había hecho por tres hombres inocentes en Mira, ya que el general era uno de los que había visto el valor de Nicolás en persona.

Aunque el acto de Nicolás contra Arrio parecía ser impulsivo, Constantino admiraba el valor de Nicolás. Conocido por su rapidez de pensar y de actuar, Constantino levantó la mano y al momento todos en el salón se quedaron en silencio al ver al emperador. "Es cierto que esto nos sorprende a todos," dijo. "Y mientras el castigo de tal acto en mi presencia está en lo claro, yo prefiero, en vez, diferir este caso a los líderes del concilio. Este congreso es de ustedes y yo difiero a su sabiduría en conducirlo como a ustedes les parezca."

Constantino había puesto tiempo y a la vez buena voluntad entre los diferentes bandos. Casi todo el concilio estaba a favor de Nicolás, por lo menos en sentimiento, aunque no podían apoyarlo en la acción. Algún castigo era debido, ya que no dárselo dejaría de honrar la letra de la ley. Pero al tener el permiso del mismo emperador para actuar de modo apropiado, en vez de dar el castigo corriente, ellos sintieron la libertad de tomar otra forma de acción.

Después de discutir el asunto por un tiempo, los líderes del concilio llegaron a un acuerdo y decidieron apartar del sacerdocio a Nicolás inmediatamente quitándole su puesto de obispo, prohibiéndole la participación durante el resto del concilio en Nicea y conteniéndolo bajo arresto domiciliario en el complejo del palacio. Allí él esperaría cualquiera otra decisión que el concilio tuviera al concluir la asamblea en el verano. Era una sentencia benévola, tomando en cuenta la infracción.

Pero para Nicolás, hasta antes de oír cual iba a ser su castigo, él ya estaba castigándose más de lo que otra persona lo podía castigar por lo que acababa de hacer. Dentro de un minuto, él había experimentado emociones de euforia como en la cumbre de una montaña a trastorno como en lo más bajo de un valle.

En Nicea él era delegado a una de las más importantes asambleas en la historia del mundo, y él acababa de hacer algo que sabía que no podía deshacer. La ramificación del acto lo afectaría por el resto de la vida, estaba seguro, por lo menos por el resto que le quedaba de vivir. La emoción que sentía solo la podía entender, tal vez, aquellos que la habían sentido antes—el peso, la pena y la agonía de un momento pecaminoso que lo podría haber desbaratado, si no fuera por conocer el perdón de Cristo.

Cuando apartaron a Nicolás de su puesto de obispo, fue delante de toda la asamblea. Fue despojado del manto de obispo, y entonces fue llevado fuera del salón en cadenas. Pero esa vergüenza no era nada comparada con la humillación que él sentía por dentro. Estaba hasta demasiado entumecido para llorar.

CAPÍTULO 34

¿Qué es lo que he hecho? Nicolás le preguntó a Demetrio mientras los dos estaban sentados cerca de la esquina más lejana del palacio. Esta habitación se había convertido en la improvisa celda de Nicolás, mientras lo mantenían en arresto domiciliario por el resto de la conferencia. Demetrio, usando su presente y extensa habilidad de obtener acceso a partes privadas del palacio, de nuevo había conseguido el modo de visitar a su amigo encarcelado.

"¿Qué ha hecho? ¿Qué *podía* haber hecho?" respondió Demetrio. "Si usted no lo hubiera hecho, seguro que otra persona lo hubiera hecho, o por lo menos debería haberlo hecho. Usted le hizo a Arrio, y a todos nosotros también, un favor con ese puñetazo. Si él hubiera continuado con esa ofensa, ¡quién sabe el castigo que el Señor habría pronunciado sobre toda la asamblea!" Claro que Demetrio sabía que Dios podía aguantar la descarga de Arrio, y mucho más, siempre lo hacía cuando la gente le forma escándalos a Él y sus propósitos. Él sufre a largo plazo mucho más que cualquiera de nosotros pudiéramos sufrir. Pero aún, Demetrio sentía que el evento de Nicolás era razonable.

Nicolás, sin embargo, apenas podía comprenderlo de ese modo ahora. Le parecía que tal vez había provocado el éxito de la causa de Arrio dejando que los delegados sintieran piedad por él. Nicolás sabía que cuando alguien está a punto de perder un debate basado en razón, muchas veces va derecho a la emoción y a los corazones del público, sea razonable o no. Y por tanto que Arrio estuviera cansando a los delegados con su la falta de lógica, Nicolás pensaba que ahora lo que él había hecho excedía las escalas de emoción a favor de Arrio.

La corriente de sus pensamientos golpeaba la mente de Nicolás. Aquí estaban, solo en los primeros días del concilio, y él tendría que estar bajo arresto domiciliario los próximos dos meses. ¿Cómo podría sobrevivir los dolores emocionales cada día todo ese tiempo?

Nicolás ya sabía que su celda en el palacio sería totalmente diferente a la que tenía cuando Diocleciano lo encarceló por más de diez años. Esta vez, sentía que había sido él mismo que lo había encarcelado. Y aunque esta prisión era una bella habitación en el palacio, los pensamientos de Nicolás, eran peores que la asquerosa celda donde él casi había muerto.

En la otra celda, él sabía que estaba allí por causa de las malas intenciones de otros. Eso le hacía sentir que lo que tenía que sufrir allí era parte del sufrimiento común que Jesús dijo que todos Sus seguidores tendrían. Pero en esta celda, sabía que él estaba allí por causa de su propia absurda acción, acción que el juzgaba imperdonable, un pensamiento que seguramente todos en la asamblea compartían.

Por los años la gente conocía a Nicolás como un hombre tranquilo, con fuerza interna y dignidad controlada. Entonces, en solo un día, había perdido esa reputación—y, mucho más, delante del emperador. ¿Cómo podía perdonarse? "¿Cómo?" le preguntó a

Demetrio. "¿No soy capaz de echar atrás lo que le he hecho al nombre del Señor?"

Demetrio contestó, "Tal vez Él no quiere que usted lo eche atrás. Tal vez lo que le interesa a Él no es lo que usted piensa que le hizo a su nombre, pero lo que usted hizo en su nombre. Ciertamente usted hizo lo que yo, y la mayoría de los delegados en el salón hubieran querido hacer, si hubieran tenido el valor de hacerlo."

Las palabras de Demetrio se sostenían en el aire. Mientras Nicolás pensaba en ellas, una afable sonrisa se formó en su boca. A lo mejor había por fin alguna lógica en la intención de su corazón al portarse como lo hizo. Él sinceramente quería honrar y defender a su Señor, no quería de ningún modo quitarle la atención que Él solo se merecía. "Pedro," él recordó, "tenía pasión similar en defender a su Señor." Y Nicolás ahora se daba cuenta de lo que Pedro podía haber sentido cuando le cortó la oreja a uno de los hombres que había venido a detener a Jesús. Jesús le dijo a Pedro que guardara su espada y entonces Jesús le sanó la oreja al hombre. Jesús, indudablemente, podía defenderse perfectamente bien Él solo, pero

Nicolás aún aprobaba la pasión que Pedro tenía al defender al Maestro.

Todavía Nicolás no estaba convencido que había hecho lo correcto, pero se sentía compañero de otros que habían actuado apasionadamente. Y las palabras de Demetrio lo ayudaron a realizar que él no estaba solo en su pensar, y se conformó un poco en el hecho que Demetrio no lo había abandonado por cause del incidente. El apoyo de Demetrio era como una pomada calmante al corazón de Nicolás, y lo ayudó a seguir adelante en la vida, aún en otro momento difícil.

Aunque Nicolás estaba convencido que el daño que había hecho era irrevocable en términos humanos—y que Dios tendría que obrar doble para traer algo bueno del incidente—Nicolás sabía lo que él tenía que hacer. Hasta en este momento de profunda humillación, él sabía que lo mejor que podía hacer es lo que él siempre había hecho: poner completa fe y confianza en Dios. ¿Pero cómo? ¿Cómo podía confiar que Dios era capaz de usar este episodio para el bien?

Casi sabiendo lo que Nicolás pensaba, Demetrio sabía exactamente lo que su amigo necesitaba para poder confiar en Dios de nuevo. Demetrio hizo lo que Nicolás había hecho por él y Samuel y Rut ya hace muchos años. Demetrio le dijo un cuento.

CAPÍTULO 35

Demetrio comenzó preguntándole, "¿Qué tipo de cuento te gustaría escuchar hoy? ¿Uno misericordioso o uno maligno?" Así era como Nicolás había introducido cada uno de los cuentos bíblicos que les contaba a Demetrio, Samuel y Rut durante sus tantas aventuras en la Tierra Santa. Luego Nicolás deleitaba a los niños con un cuento de la Biblia sobre un personaje benévolo o uno malvado, o un cuento misericordioso o uno maligno, y a veces el cuento terminaba exactamente diferente a como había empezado.

Nicolás lo miró con interés.

"Eso no es importante," continuó Demetrio, "porque el que tengo que contarle hoy pudiera ser misericordioso o maligno. No lo podrá saber hasta el fin. Pero he aprendido de un buen amigo," dijo al guiñándole el ojo a Nicolás, "que la mejor manera de disfrutar un

cuento es siempre confiando en el narrador
del cuento."

Nicolás les había dicho que él siempre se
fijaba en la reacción de la gente de su pueblo
que escuchaba el cuento.

"Cuando la gente confía en el narrador del
cuento," Nicolás les había dicho, "ellos
pueden disfrutar el cuento sin importarles lo
que sucede, porque *ellos* saben que *el narrador
sabe* como el cuento va a terminar. Pero
cuando la gente no confía en el narrador, sus
emociones suben y bajan como un barco en
una tormenta, dependiendo solo en lo que
está pasando en el cuento en ese momento.
La verdad es que solo el narrador sabe como
el cuento va a terminar. Así que, mientras
uno confía en el narrador del cuento, uno
puede disfrutar el cuento desde el principio
hasta el fin."

Ahora era el turno de Demetrio de decirle
un cuento a Nicolás. El cuento que escogió
decirle era de otro hombre que también había
sido encarcelado, un hombre llamado José.
Demetrio le contó a Nicolás como la vida de
José parecía subir y bajar.

Demetrio empezó a relatar el cuento. "El
padre de José lo amaba y le regaló una bella

túnica de todo color. Ahora pues, eso es bueno, ¿no?"

Nicolás asintió.

"Pero no, eso fue malo, ya que los hermanos de José vieron la túnica y se llenaron de celos y lo vendieron como esclavo. Ahora pues, eso es malo, ¿no?"

Nicolás asintió.

"No, eso fue bueno, porque a José lo pusieron a cargo de las propiedades de un hombre muy rico. Ahora pues, eso es bueno, ¿no?"

Nicolás asintió de nuevo.

"No, eso fue malo," dijo Demetrio, "porque la esposa del hombre rico intentó seducirlo, y cuando José la resistió, ella lo mandó a la cárcel. Ahora pues, eso es malo, ¿no?"

Nicolás dejó de asentir si era bueno o malo porque ya tenía idea de la intención de su amigo.

"No, eso fue bueno," dijo Demetrio, "porque a José lo pusieron a cargo de todos los otros prisioneros. Hasta los ayudaba a interpretar sus sueños. Ahora pues, eso es bueno, ¿no?"

Nicolás continuó escuchando seriamente.

"No, eso fue malo, porque después de interpretar sus sueños, José le pidió a uno de los hombres que lo ayudara a salir de la prisión cuando él saliera, pero el hombre olvidó a José y lo dejó allí. Ahora pues, eso es malo, ¿no?"

Nicolás se imaginaba ser el hombre olvidado en la prisión.

"¡No! ¡Fue bueno! Porque Dios había puesto a José en el lugar preciso en el tiempo preciso. Cuando el faraón de Egipto tuvo un sueño y necesitaba a alguien que so lo interpretara, el hombre que había sido encarcelado de repente recordó que José todavía estaba en la prisión y se lo dijo al faraón.

"El faraón mandó a llamar a José, le pidió una interpretación y José se la dio. El faraón estaba tan encantado con José que lo puso a cargo de todo su reino. Como resultado, José pudo usar su nuevo puesto para salvar a ciento miles de vidas incluyendo la de su propio padre y hasta las de sus hermanos— los mismos que lo habían vendido como esclavo al principio. ¡Y eso es muy bueno!

"Así que puede ver," dijo Demetrio, "como siempre me ha dicho usted, nunca somos capaces de saber el final del cuento hasta que se termine. Dios sabía lo que estaba haciendo en cada etapa. Usted puede ver...

- en el momento preciso, José nació y su padre lo amaba,
- para que en el momento preciso sus hermanos lo maltrataran,
- para que en el momento preciso lo comerciantes de esclavos vinieran y lo compraran,
- para que en el momento preciso lo pusieran a cargo de las propiedades de un hombre rico,
- para que en el momento preciso lo encarcelaran,
- para que en el momento preciso lo pusieran a cargo de los prisioneros,
- para que en el momento preciso él interpretara los sueños,
- para que en el momento preciso él interpretara el sueño del faraón,
- para que en el momento preciso José estuviera en el único lugar del mundo que Dios quería que él estuviera para salvar las vidas de su padre, sus hermanos y muchos, muchos más.

"Por todas las etapas de la vida, José nunca dejó de confiar en Dios. Él sabía el secreto de cómo disfrutar el cuento mientras lo vivía: él siempre confiaba en el Narrador, Él que estaba escribiendo el cuento de su vida."

Todo el miedo y dudas de Nicolás desaparecieron en esos momentos y él sabía que también era capaz de confiar en el Narrador, Él que estaba escribiendo el cuento de su vida. El cuento de Nicolás no había terminado todavía, y él tenía que confiar que el mismo Dios que lo había traído hasta este episodio de su vida era capaz de llevarlo hasta el fin.

Nicolás miró a Demetrio con una sonrisa de agradecimiento, entonces cerró los ojos. Serían un par de largos mese mientras esperaba la decisión del concilio. Pero él sabía, si era capaz de confiar en Dios en ese momento y después en el próximo, que cada uno de esos momentos llegarían a ser minutos, y los minutos llegarían a ser horas. Las horas se convertirían en semanas y después en meses y después en años. Sabía que todo empezaba confiando en Dios en un momento.

Con los ojos todavía cerrados, Nicolás

puso toda su fe y confianza en Dios otra vez. La paz de Dios le llenó el corazón.

Pronto, dos meses habían pasado. El concilio estaba listo para ofrecer la decisión final sobre muchos asuntos, incluyendo la decisión que había terminado en poner a Nicolás en arresto domiciliario al principio—y Nicolás estaba a punto de saber la decisión.

CAPÍTULO 36

"¡Lo han hecho!" Fue Demetrio el que explotó por la puerta de la habitación de Nicolás tan pronto como el guardia del palacio la había abierto.

"¡Lo han hecho!" repitió. "¡Han terminado! ¡El concilio ha elegido y están de acuerdo con usted! ¡Todos menos dos de los trescientos diez y ocho obispos se han puesto de parte de usted en vez de Arrio!

Un sentido de alivio llenó todo el cuerpo de Nicolás. Demetrio, también, lo podía sentir en su propio cuerpo al ver que la noticia confortaba a Nicolás.

"Y además," dijo Demetrio, "¡el concilio ha decidido no realizar ninguna otra acción contra usted!"

Ambas noticias eran el mejor resultado que Nicolás se podía haber imaginado. Aunque su acción le había costado el puesto de obispo, no había puesto en peligro el resultado del procedimiento. Hasta era posible—aunque nunca llegó a saberlo ciertamente—que su acción contra Arrio tal vez había dado forma a lo ocurrido durante esos meses de verano en el histórico concilio.

Minutos después de la llegada de Demetrio, otra visita llegó a la puerta de Nicolás. Era Constantino.

La decisión del concilio sobre qué hacer con Nicolás era una cosa, pero la decisión de Constantino era otra. Un nuevo temor llenó a Nicolás al pensar en lo que le podría ocurrir.

"Nicolás," dijo el emperador, "Deseaba personalmente darle las gracias por venir a ser mi huésped in Nicea. Quiero pedirle perdón por lo que ha tenido que soportar estos últimos meses. Eso no es lo que esperaba yo y estoy seguro que no es lo que usted esperaba tampoco. Pero, aunque usted no pudo asistir al resto del procedimiento, le aseguro que su presencia fue considerada en cada reunión. Lo que usted hizo ese día fue testigo para mí de lo que significa seguir a Cristo más que cualquiera otra cosa que escuché en los siguientes días. Quiero saber más de usted en el futuro, si usted está dispuesto a ser mi huésped de nuevo. Pero la próxima vez no será en la esquina más lejana del palacio. Además, he pedido y he recibido el permiso del concilio para restaurarlo a su puesto de Obispo de Mira. Es mi opinión que Aquel que lo llamó a usted a servirlo a Él desea que usted continúe haciendo todo lo que ha hecho hasta ahora. De mi parte, quiero que usted sepa que yo aprecio lo que usted hizo aquí más de lo que pueda imaginarse. Gracias por venir, y cuando esté listo, usted está en plena libertad para regresar a su hogar."

Nicolás escuchaba las palabras de Constantino como si estuviera en un sueño. Apenas podía creer lo que escuchaba con sus propios oídos. Pero cuando el emperador dijo la palabra "hogar," Nicolás se dio cuenta que no era un sueño, y la palabra cayó en sus oídos como la campanada más dulce. De todas las palabras dichas por el emperador, ninguna le parecía mejor que la última: hogar. Lo único que quería era regresar a servir a su congregación. Fue por ellos que él vino a este importante concilio en primer lugar, para asegurar que las verdaderas palabras que él les había enseñado se continuaran enseñando por toda la tierra.

Después de más de dos meses de estar separado de ellos, y la continua pregunta de qué les pasaría a ellos y a los otros cientos de miles como ellos en el futuro que serían afectados por la decisión hecha in Nicea, Nicolás por fin podía regresar a su hogar. Estaba en libertad de nuevo, pero en más de una forma.

PARTE 7

CAPÍTULO 37

Por última vez Nicolás estaba en el lugar más preferido de todos: a la orilla del mar. Habían pasado diez y ocho años desde regresar a Mira del concilio en Nicea. En los días después de haber regresado, él continuaba sirviendo al Señor como siempre lo había hecho: con todo su corazón, toda su alma, con toda su mente, y con todas sus fuerzas.

Nicolás había venido a la orilla del mar con Demetrio y Ana María, los cuales habían traído con ellos a uno de sus nietos, una niña de siete años llamada Rut.

Rut estaba corriendo de arriba a abajo por la playa saltando las olas, mientras Demetrio y Ana María trataban de seguirla. Nicolás tenía tiempo para mirar hacia el mar, y como a veces lo hacía, miraba hacia la eternidad también.

Pensando en su vida, Nicolás no sabía si

había cumplido en la vida la misión que quería cumplir: tomar la oportunidad para cambiar el mundo. A veces tenía un vistazo de cambios, claro, en las vidas de gente como Demetrio, Samuel, Rut, Sofía, Cecilia y Ana María.

También había aprendido de gente como el capitán del barco que cuando el capitán llegó a Roma, el barco milagrosamente pesaba exactamente lo mismo que antes de salir del Alejandría—aunque le había dado de la mercancía del barco a la gente de Mira la cantidad de grano necesaria para durarle varios años. Recuerdos como esos animaban a Nicolás que Dios realmente lo estaba guiando en las decisiones que hacía.

Pero aún tenía preguntas. Nunca llegó a saber si lo que había hecho en el Concilio de Nicea era lo debido. Tampoco llegó a saber si la conversación privada que tuvo con Constantino pudo haber afectado la fe en Cristo del emperador.

Le dio aliento saber, sin embargo, que la madre de Constantino también había peregrinado a la Tierra Santa como Nicolás lo había hecho. Y después de la jornada, ella convenció a Constantino a edificar parroquias sobre los sitios santos que ella había visitado. Recientemente ella había terminado de edificar una parroquia en Belén sobre el lugar donde Jesús había nacido, así como unas parroquias en Jerusalén sobre el sitio donde Jesús había muerto y resucitado.

Nicolás sabía que había tenido ambos éxitos y fracasos en la vida. Pero fijándose en el pasado, no era capaz de identificar cuáles etapas de su vida eran un éxito y cuáles eran un fracaso. Los tiempos que pensaba que eran valles oscuros se habían vuelto en experiencias de alta montaña, y los de cima se habían convertido en valles profundos. Pero lo más importante era, se forzaba en recordar, que él confiaba en Dios en todas las etapas de la vida, sabiendo que Dios disponía de todas las cosa para el bien de quienes Lo aman, que habían sido llamados de acuerdo con Su propósito.

Lo que el futuro tenía disponible para el mundo, Nicolás no lo sabía. Pero lo que sí sabía era que él había aprovechado los días que Dios le había dado. Fue su intención amar a Dios y amar al prójimo como Jesús le había dicho. Y cuando a veces fracasó, él confiaba que Jesús podía cubrir esos fracasos, también, del mismo modo que Él había cubierto sus pecados al morir en la cruz.

Como el padre de Nicolás había hecho antes de él, Nicolás, también, miró hacia el mar otra vez. Entonces, cerrando los ojos, le pidió a Dios fuerza para la próxima jornada que tomaría.

Dejó que el sol le calentara la cara, entonces él abrió sus manos y dejó que las brisas del mar las levantaran hacia lo alto. Alabó a Dios mientras las brisas cálidas flotaban delicadamente por las llamas de sus dedos.

La pequeña Rut regresó salpicando en el agua, seguida por Demetrio y Ana María. Rut miró hacia Nicolás, con los ojos cerrados y las manos hacia el cielo. Sujetándolo, lo haló del manto y le preguntó, "¿Nicolás, alguna vez ha *visto* usted a Dios?"

Nicolás abrió los ojos y vio a Rut, entonces les echó una sonrisa a Demetrio y Ana María. Volvió los ojos al sol y las olas y las miles y miles de orillas que se extendían en ambas direcciones delante de él. Volviendo los ojos de nuevo a Rut, Nicolás le dijo, "Sí, Rut, he visto a Dios. Y mientras más viejo soy, más Lo veo dondequiera que miro."

Rut sonrió, y Nicolás le dio un abrazo fuerte. Y entonces, tan pronto como había venido hacia él, se fue de nuevo a jugar en el agua.

Nicolás miró a Demetrio y Ana María y sonrió, entonces la pareja también, siguió persiguiendo a Rut por la orilla de la playa.

Por última vez, Nicolás miró hacia el bello mar, entonces dio una vuelta y empezó a caminar hacia su hogar.

Epílogo

Así que ahora ya saben ustedes un poco acerca de mí—Demetrio Alejandro— y mi buen amigo, Nicolás. Esa fue la última vez que lo vi, hasta esta mañana. Pidió que le dejáramos pasar unos días sólo, sólo él con el Señor que amaba. Dijo que tenía que prepararse para una jornada más. Ana María y yo entendimos exactamente lo que nos quería decir.

Sabíamos que estaba preparándose para regresar a su hogr, a su verdadero hogar, el que Jesús dijo que iba a preparar para cada uno de nosotros que creíamos en Él.

Nicolás ya había estado anticipando el viaje toda la vida. No era que él quería dar menos de lo debido ni a un momento de la vida que Dios le había dado aquí en la tierra, ya que él sabía que su vida tenía un propósito también, o Dios no la hubiera creado nunca con tanta belleza y precisión y maravillosos misterios.

Pero mientras la vida de Nicolás aquí en la tierra llegaba a su fin, él dijo que estaba listo. Estaba listo a retirarse, y anhelaba todo lo que Dios le había prometido a continuación.

Así que cuando esta mañana Nicolás nos mandó un recado a Ana María y a mí y a unos cuantos otros amigos que viniéramos a verlo, sabíamos que la hora había llegado.

Entrando en la habitación, lo encontramos acostado en la cama, tal como está ahora mismo. Respirando silenciosamente indicó que nos acercáramos. No nos fue posible reprimir las lágrimas y él no intentó detener nuestra emoción. Él sabía lo difícil que era despedirse de seres queridos. Pero, él también logró que la despedida fuera menos difícil para todos nosotros. Sonrió una vez más y nos habló calladamente, diciendo las mismas palabras que había pronunciado cuando Rut murió muchos años antes: "Con cualquier fin somos vencedores," nos dijo. "No importa el fin, ya somos vencedores."

"Sí, Nicolás," le dije, "No importa el fin. Ya somos vencedores." Entonces el silencio llenó la habitación. Nicolás cerró los ojos y se quedó dormido por última vez. Nadie pudo moverse. Nadie dijo ni una palabra más.

El hombre que estaba delante de nosotros dormía como si fuera cualquiera otra noche de su vida. Pero nosotros sabíamos que este era un momento divino. Nicolás acababa de entrar en la presencia del Señor. Como Nicolás lo había hecho toda su vida, nosotros estábamos seguros de lo que estaba haciendo ahora: caminando y hablando y riéndose con Jesús, pero ahora estaban cara a cara.

Sólo podíamos imaginarnos lo que Nicolás le estaba diciendo a Jesús. Pero estábamos seguros de lo que Jesús le estaba diciendo a él: "¡Hiciste bien, siervo bueno y fiel! ¡Ven a compartir la felicidad de tu Señor!"

No tengo ni idea de cómo la historia va a recordar a Nicolás, si de veras se acordará de él. Él no fue un emperador como Constantino. No fue un tirano como Diocleciano. No fue un orador como Arrio. Fue simplemente un cristiano que vivió su fe, afectando una vida a la vez de la mejor forma que podía.

Nicolás tal vez pensaba si su vida había cambiado el mundo de alguna manera. Yo sé la respuesta, y ahora que ustedes saben su historia, dejo que ustedes decidan por sí mismos. Al fin de todo, sólo Dios sabe verdaderamente cuántas vidas fueron afectadas por este hombre extraordinario.

Pero lo que yo sé es esto: cada uno de nosotros sólo tenemos una vida para vivir. Pero si la vivimos bien, como Nicolás lo hizo, una vida es todo lo que necesitamos.

CONCLUSIÓN
Por Eric Elder

Lo que Nicolás no supo, y lo que nadie que lo conoció pudo imaginarse, fue lo mucho que su vida afectaría a la gente —no sólo por todo el mucho, pero por todas las generaciones.

Para sus padres, él fue un hijo querido, y para aquellos en la ciudad él fue su obispo querido. Para nosotros, él ha llegado a ser conocido por otro nombre: Santa Claus.

La palabra bíblica de "santo" literalmente es "creyente". La Biblia nos habla de los santos en Éfeso, los santos en Roma, los santos en Filipos y los santos en Jerusalén. Cada vez la palabra se refiere a los creyentes que vivían en esas ciudades. Así que Nicolás correctamente llegó a ser "San Nicolás", o para decirlo de otra manera, "Nicolas, el creyente." La tradición latina es "Santa

Nicolás," y en holandés "Sinterklass," de donde viene el nombre "Santa Claus".

Su buen nombre y sus hechos de caridad ha sido una inspiración para tantos que el día que él pasó de esta vida a la próxima, el 6 de diciembre de 343 A. D., aún se celebra por mucha gente alrededor del mundo.

Muchas leyendas se han contado de Nicolás por los años, algunas dándole características que son extraordinarias. Pero la razón que hay tantas leyendas, incluyendo esas que se cuentan de San Nicolás, es porque a veces los otros personajes en las leyendas tienen características extraordinarias. Eran personas tan bondadosas o tan respetadas que cada acto benévolo que se atribuía a ellos era como si ellos mismos lo hubieran hecho.

Aunque no todos los cuentos acerca de Nicolás se basan en los primeros datos de su vida, las historias escritas en los años que él vivió documentan muchos de los cuentos que se encuentran en este libro. Para ayudarlos a analizarlos mejor, aquí está lo que sabemos de su vida:

- Nicolás nació entre los años 260 a 280 A.D. en la ciudad de Patara, una ciudad que aún se puede visitar hoy día en

Turquía de hoy, en la costa norte del
Mar Mediterráneo.

- Los padres de Nicolás estaban
dedicados al cristianismo y murieron
en la plaga cuando Nicolás era solo un
niño dejándolo con una gran herencia.

- Nicolás hizo un peregrinaje a la Tierra
Santa y vivió allí por varios años antes
de regresar a su provincia natal de
Licia.

- Nicolás viajó por el Mar Mediterráneo
en un barco en una tormenta.
Después de orar, el barco llegó a su
destino como si alguien estuviera a
cargo del timón. El timón del barco
también se llama barra del timón, y los
marinos en el Mediterráneo de hoy aún
se desean buena suerte con el dicho,
"¡Qué Nicolás aguante tu barra del
timón!"

- Cuando Nicolás regresó de la Tierra
Santa, el vino a vivir en Mira, como a
treinta millas de su ciudad natal de
Patara. Nicolás llegó a ser el obispo de
Mira y vivió allí el resto de su vida.

- En secreto Nicolás dio tres regalos de
oro en tres ocasiones separadas a un

hombre cuyas hijas serían vendidas como esclavas por no tener nada que ofrecerles como dote a sus pretendientes. La familia supo que Nicolás había sido el que había dado el dinero una de las veces, por eso sabemos esa historia hoy. En esta versión de la historia, hemos añadido, en cambio, el regalo de Nicolás de las primeras dos bolsas de monedas y Demetrio la tercera, para captar la idea que muchos regalos fueron dados en esos días, y aún se dan hoy, en el nombre de San Nicolás, que tenía la fama de dar regalos. El tema de redención también están tan asociado con esta historia de la vida de Nicolás, que si uno pasa por una casa de empeño hoy, muchas veces pueden ver tres globos dorados como insignia, representando las tres bolsas de oro que Nicolás ofreció para rescatar a las muchachas de su destino desafortunado.

- Nicolás defendió la vida de tres hombres inocentes que injustamente habían sido condenados a muerte por un gobernador en Mira, arrebatando directamente la espada de la mano del verdugo.

- "Nicolás, Obispo de Mira" está incluido en varios, pero no todos, los documentos históricos, que mencionan los delegados que asistieron al real Concilio de Nicea, el cual fue convocado por el Emperador Constantino en 325 A.D. Una de las decisiones principales del concilio fue sobre la divinidad de Cristo y resulto en la escritura del Credo de Nicea—un credo que aún se dice en muchas iglesias hoy. Varios históricos dicen que el nombre de Nicolás no aparece en todos los documentos del concilio porque lo hicieron desaparecer de la asamblea después de pegarle a Arrio por negar que Cristo era divino. Nicolás, sin embargo, es mencionado en por lo menos cinco de de los documentos antiguos, incluso el primer manuscrito en griego del evento.

- El Credo de Nicea fue adoptado por el Concilio de Nicea y ha llegado a ser una de las más usadas y breves declaraciones de la fe cristiana. La versión original dice, en parte, de la traducción del griego: *"Creemos en un solo Dios, El Padre Todopoderoso, Creador de todo lo visible y lo invisible. Y en un solo Señor Jesucristo, el Hijo de Dios, engendrado del Padre, el unigénito; es decir siendo de una sustancia con el Padre, Dios de Dios, Luz de Luz; Dios verdadero de Dios, engendrado, no creado, siendo de una sustancia con el Padre; por quien todo fue hecho bajo el cielo y en la tierra; quien por los hombres y nuestra salvación bajó del cielo y se encarnó y se hizo hombre; sufrió y el tercer día resucitó y ascendió a los cielos, y vendrá otra vez para juzgar a los vivos y a los muertos..."* Otras versiones, comenzando tan pronto como en el 381 A.D. han cambiado y clarificado varias de las expresiones originales, resultando en varias similares, pero no exactas frases que se usan hoy.

- Existen documentos en los cuales hablan de las cosas que Nicolás había hecho por la gente de Mira que incluyen datos asegurándole grano de un barco que viajaba de Alejandría a

Roma, el cual rescató a la gente de la región del hambre.

- Elena, la madre de Constantino, visitó la Tierra Santa y estimuló que Constantino construyera iglesias sobre, en su opinión, los sitios más importantes de la fe cristiana. Las iglesias fueron construidas en los sitios que los creyentes locales le habían mostrado donde Jesús había nacido y donde Él había muerto y resucitado. La Basílica de la Natividad en Belén y La Iglesia del Santo Sepulcro en Jerusalén han sido destruida y reconstruidas muchas veces, pero aún en el mismo lugar donde la madre de Constantino, y probablemente Nicolás mismo, las había visto.

- La muerte de Nicolás se ha establecido el 6 de diciembre del 343 A.D., y uno aún puede visitar su tumba en la ciudad de Demre, Turquía, antes llamada Myra, en la provincia de Licia. Loa restos de Nicolás fueron desenterrados de la tumba en el 1,087 A.D. por italianos que temían que fueran destruidos o robados, ya que el país fue atacado por extranjeros. Los restos de Nicolás fueron llevados a la ciudad de Bari, Italia donde aún están enterrados hoy.

De las tantas otras historias que se cuentan o se atribuyen a Nicolás, es difícil decir con certeza cuales verdaderamente ocurrieron y cuales sólo se atribuyen a él por su buena reputación y su excelente nombre. Por ejemplo, en el siglo doce, historias se contaban de cómo Nicolás había resucitado a tres niños que habían sido brutalmente asesinados. Aunque el primer documento de esta historia no se conoció hasta ochocientos años después de la muerte de Nicolás, esta historia es una de la más frecuentemente asociada con San Nicolás en las obras de arte religioso, mostrando a tres niños resucitados delante de Nicolás. Hemos incluido sustancia de esa historia en esta novela en la forma de tres huérfanos que Nicolás conoció en la Tierra Santa y que él resucitó—por lo menos en forma espiritual.

Aunque todas las historias adicionales no se pueden asignar a Nicolás totalmente, podemos decir que su vida y su memoria han tenido un efecto tan profundo en la historia que más iglesias por todo el mundo hoy día llevan el nombre de "San Nicolás" que cualquier otro personaje, además de los originales discípulos.

Algunos se preguntan si es correcto o no creer en San Nicolás. Estamos seguros que a Nicolás no le importaría tanto si uno cree en *él* o no, pero le importaría más que uno crea en Él que él creyó, *Jesucristo*.

Una imagen popular hoy día muestra a San Nicolás de rodilla, su sombrero a su lado, delante del niño Jesús en el pesebre. Aunque esa imagen nunca había podido ocurrir en la vida real, ya que San Nicolás nació casi trescientos años *después* del nacimiento de Cristo, la intención del artista no puede ser más precisa. Nicolás *fue* un verdadero creyente en Jesús y el alababa, adoraba, y vivió su vida sirviendo a Cristo.

San Nicolás nunca hubiera querido que su historia *sustituyera* la historia de Jesús en el pesebre, pero él hubiera querido que su historia *señalara* a Jesús en el pesebre. Y esa fue la razón que se escribió este libro.

Mientras las historias contadas en este libro fueron seleccionadas de las muchas que se han contado de San Nicolás por medio de los años, estas fueron contadas para que usted creyera—no sólo en Nicolás, pero en Jesucristo, su Salvador. Estas historias fueron escritas por la misma razón que el Apóstol Juan escribió la historia que contó de Jesús en la Biblia, Juan dijo que él escribió su evangelio:

"…para que ustedes crean que Jesús es el Cristo, el Hijo de Dios, y para que al creer en su nombre tengan vida" (Juan 20:31).

Nicolás desearía lo mismo de ustedes. Él quisiera que ustedes se convirtieran en lo que él era: un creyente.

Si ustedes no lo han hecho, pongan su fe en Jesucristo hoy, pidiéndole que los perdone de sus pecados y les dé la garantía de vivirán con Él para siempre.

Si ya han puesto su fe en Cristo, dejen que esta historia les confirme lo realmente hermosa que es su fe. Renuevan hoy su compromiso de servir a Cristo como Nicolás lo sirvió: con todo tu corazón, con toda tu alma, con toda tu mente y con todas tus fuerzas. Dios realmente dispondrá todas las cosas para el bien de quienes lo aman. La Biblia dice:

"Ahora bien, sabemos que Dios dispone todas las cosas para el bien de quienes lo aman, los que han sido llamados de acuerdo con su propósito" (Romanos 8:28).

Gracias por leer este libro especial sobre este hombre especial, y es mi petición que su Navidad verdaderamente sea feliz y llena de luz. Como Clement Moore escribió en su famoso poema, *Una visita de San Nicolás:*

"¡Navidad a todos, y a todos muy buenas noches?"

Eric Elder

Reconocimiento

Gracias a Joe Wheeler y Jim Rosenthal cuyo libro, *San Nicolás: Una Vista Más Fija Sobre la Navidad,* proveyó mucho del material exterior para esta novela. Su investigación y documentación de la vida de San Nicolás, y el contexto histórico en cual él vivió, fue el más informativo, autoritario y inspirador que encontramos sobre el tema. Gracias, Joe y Jim por ayudarnos a mantener vivo el espíritu de San Nicolás.

SOBRE EL TRADUCTOR

Víctor Palomino nació en la Habana, Cuba en un hogar cristiano. Año y medio antes de la revolución castrista, su familia vino a vivir a Chicago para estar con su abuela maternal la cual los médicos le habían dado poco tiempo para vivir. Isabel Mercedes, su abuela, llegó a vivir ocho años más influyendo la fe de sus hijos y nietos hasta su muerte.

Víctor estudió en la Universidad del Estado de Illinois donde se especializó en pedagogía. Por más de treinta años él enseño español, inglés y oratoria en Illinois a estudiantes de los grados primarios hasta los universitarios. Por más de diez años, él trabajó en la administración de las escuelas públicas del estado. Víctor también ha sido estudiante del español en sus viajes a Méjico, Costa Rica, Honduras, Perú, Cuba, Puerto Rico y España.

Sobre los Autores

Eric y Lana Elder han escrito varios cuentos de navidad que han cautivado e inspirado a miles como parte de una producción anual navideña conocida como *Jornada a Belén*.

San Nicolás: el Creyente es el estreno de su primer cuento complete de navidad. Eric y Lana también han colaborado en varios libros de inspiración incluyendo:

Dos semanas con Dios
Lo que Dios Dice Sobre el Sexo
Éxodo: Lecciones Sobre Libertad
Jesús: Lecciones Sobre el amor
Hechos: Lecciones Sobre la Fe
Nehemías: Lecciones Sobre la Reconstrucción
Efesios: Lecciones Sobre la Gracia
Israel: Lecciones de la Tierra Santa
Israel Para Niños: Lecciones de la Tierra Santa
Los mejores 20 Pasajes de la Biblia
Romanos: Lecciones Sobre la Renovación Mental
y *Triunfando Sobre la Oscuridad*

Para comprar material o recibir información, favor de visitar:

WWW.INSPIRINGBOOKS.COM